没有人认识你，没有，而我为你歌唱。

我要追颂你的形象和你的优雅风度，

你的著名的纯熟的技能，

你对死的意欲，你对它的唇吻的渴想，

以及你的勇猛的喜悦底下隐藏着的悲哀。

洛尔迦

波西米亚玫瑰的灰烬

萧红传

邹 经 著

浙江大学出版社
ZHEJIANG UNIVERSITY PRESS

题 记

波西米亚人是天生的流浪者，世世代代为了自由而流浪。

如果一个波西米亚人出现在中国这片苍老、压抑的土地上，欢天喜地的他，恐怕也难免遭"白眼冷遇"。因为，"中国本土的流浪艺人从来没有赢得过艳羡的目光，而永远是看客同情的对象"。

当他流浪到中国，仅存的尊严，许是，"当我大限已至，请将我直立入土，因为终我一生，总是长跪乞人怜"！

一位曾被称为"文坛坏女孩"的作家说："只有写作才能让我跟其他平庸而讨厌的人区别开来，让我与众不同，让我从波西米亚玫瑰的灰烬中死而复生。"

萧红，也险些被当作"坏女人"。

她们都是"波西米亚玫瑰"——"狂花"之一种。

走。只得走。

走到楼上去，还是走到风地里？张爱玲早已给出了智性的分判，仿佛"屋檐下只有假恶丑，旷野中才有真善美"。

而萧红却是那个"浑沌"。

复归于朴的灵魂，才能与"浑沌"相遇……

目录 CONTENTS

第一章　"我来到这里"

1 毒月

从日本东京回来后，萧红只身前往北京，1937年5月4日，她给在上海的萧军写信：

> 我虽写信并不写什么痛苦的字眼，说话也尽是欢乐的话语，但我的心就像被浸以毒汁里那么黑暗，浸得久了，或者我的心会被淹死的，我知道这是不对，我时时在批判着自己，但这是情感，我批判不了，我知道炎暑是并不长久的，过了炎暑大概就可以来了秋凉。但明明是知道，明明又做不到……这几天我又恢复了夜里骇怕的毛病，并且在梦中常常生起死的那个观念。痛苦的人生啊！服毒的人生啊！……什么能救了我呀！上帝！什么能救了我呀！我一定要用那只曾经把我建设起来的那只手把自己来打碎吗？

这年，萧红二十七岁，与萧军五年的感情已濒临崩溃。距离她生命的结束，也还只有五年。

同是在北京，十年之前，1927年6月2日，王国维自沉于颐和园昆明湖，遗言"五十之年，只欠一死"。而1927年夏，萧红为继续读书，与家庭长达一年的抗争终告胜利。彼时，求得新知，是萧红"把自己建设起来"的朦胧憧憬。十年以后，二十七岁的萧红，其书信反映出的心境，竟与王国维二十七岁时的诗作若合符节："新秋一夜蚊如市，唤起劳人使自思。试问何乡堪著我？欲求大道况多歧。人生过处惟存悔，知识增时只益疑。欲语此怀谁与共，鼾声四起斗离离。"

此时，死亡的阴影已"在梦中常常生起"。那么，心被浸以毒汁，是从何时开始的呢？

故事，还是得从萧红出生的那个"毒月"说起。

1911年农历五月，萧红呱呱坠地，地点在黑龙江省呼兰县龙王庙路南，张家大院内东边的一个炕头上。如今的呼兰已撤县划区，隶属于哈尔滨市。这是一个"一年之中，倒有四个月飘着白雪"的地方。

呼兰过去并不怎样繁华，但张家是殷实的、富足的，也曾是有头有脸的。张家大院占地约七千平方米，分东西两院，共有房舍三十余间。张家人主要居住在东院，此院建有五间正房，其中四间住房，祖父母住两间西屋，父母住两间东屋——正是萧红出生的地方。

萧红七岁之前，都与父母住在一起。1917年夏天，祖母范氏病故，萧红执拗地要搬去与祖父住。在这屋里她可以尽情地"喊诗"，声音高亢得能将屋顶掀掉。除了祖父的房间，她还有一个更为广阔的"乐园"，那就是正房后面占地近两千平方米的"后花园"。不过，秋雨过后，这花园就开始凋零了，不久，大雪便落下来，通往后园的门，以及整个后园都会被封锁住。

张家西院一般用来储存粮食等杂物，空余的房间便出租给当地的佃户和一些做小生意的穷人——卖猪的、开粉房的、赶车的、磨面的……萧红自小便与这些穷人家的孩子们接触。奇怪的是，她似乎对这些"劳人"有一种天然的亲近感。萧红十六岁上初中，一次绘画课上，她所喜爱的美术老师高仰山在教室里放置了一些静物，供学生素描。萧红对那些水果、花卉、陶罐、骷髅提不起兴趣，却跑到老更夫那里借来了一杆黑色的烟袋锅子，并将其靠在一块褐色的石头上，画将起来。高仰山后来为这幅画作命名为《劳动者的恩物》，萧红感到很满意。

或许，"地利"为萧红日后的创作提供了充足的养料，而"天时"却给这位天才女作家的身世预设了第一桩迷案。

关于萧红的出生日期存在诸多争议，一说是1911年6月1日，即农历五月初五，正逢端午节；另一说是6月2日，即五月初六；也有人说萧红的生日是五月初八。虽然前后只相差几天，一般人也就马虎过去了，但在这出生日期的背后，却蕴藏着许多故事。

今人恐已有所不知，端午节自古在民间被认作"毒月恶日"、"九毒日之首"，所以，这一天家家户户都要插菖蒲、艾叶，饮雄黄酒以驱毒辟邪。据《史记·孟尝君列传》记载，孟尝君田文便生于五月初五，《风俗通》有云："俗说五月五日生子，男害父，女害母"，于是田父想要抛弃田文，以致田母只能偷偷将其养大。

无独有偶。姜德明1978年8月发表的《鲁迅与萧红》一文中说："她（萧红）一生下来便受到家人的诅咒，因为按照旧时迷信的说法，端午节生下的孩子是不吉祥的。因此，萧红连生日的自由都没有，她从小就被人们指定推迟三天出世，硬说生日是五月初八。"

丁言昭的《萧红传》也在首节渲染了这"一个不吉利的日子"。她说："女孩的祖母、父亲都满脸的不高兴，一是嫌她是女的；二是认为端午节是忌日，不吉利。"不过，这样的描述，未免有些武断。

同为端午节出生的孟尝君，长大后与其父田婴对质。

"您要抛弃五月生的孩子，是为什么呢？"

"五月出生的孩子，长得像门户一样高时，就会坑害父母。"

"人的命运是由上天赐予的呢？还是由门户赐予的呢？"

田婴不知如何对答。

孟尝君接着说："如果是由上天赐予的，您何必忧虑呢？如果是由门户赐予的，那么只要加高门户就可以了，谁还能长到那么高呢？"田婴无言以对，只能呵斥儿子闭嘴。

在《萧红全集》中，我们却看不到这种关于"毒月"的正面交锋，甚至也看不到她对这种"陋俗"的批判。我们能在《呼兰河传》中看到作者对重男轻女的嘲讽，对跳大神等迷信活动的批判，以及对人性的弱点的哀叹。在《小城三月》中看到包办婚姻的悲剧，女性命运的不由自主，却遍寻不着作者对"毒月"有何异议。虽然，萧红在人前是"不轻易谈笑，不轻易谈自己，也不轻易暴露自己的内心"，但是在写作的时候，她对此无须讳言。何况，她曾说过："作家的写作永远对着人类的愚昧。"那么，她有什么理由放弃对"毒月"的书写呢？

由此，那些将萧红的生日定在五月初五，且渲染她的遭际是多么不幸的人们，未免有些一厢情愿。而为贤者讳，刻意将其生日推迟几天的好意的人们，也是适得其反。

什么是毒？

电影《卧虎藏龙》中，碧眼狐狸临死前有一段话："……这就是毒……我唯一的亲，唯一的仇！"

亲与仇，成了"毒"这枚硬币的两面。

鲁迅先生也曾说："死于敌手的锋刃，不足悲苦；死于不知何来的暗器，却是悲苦。但最悲苦的是死于慈母或爱人误进的毒药，战友乱发的流弹，病菌的并无恶意的侵入，不是我自己制定的死刑。"

事实上，毒药总有可解的办法。

我们几乎都知道，萧红小时候有被针扎过的经历。那时，她才三岁。留着平头短发，大大的眼睛，圆圆的脸庞。不知张家人是否有意把她当男孩儿养，或潜意识里有这种念头，希望她是个男孩儿，连小辫儿都不给她梳。当然，萧红自小也是不喜受管束的。她没有过张爱玲一般"要在窘境中学做淑女"的经历，却是有着几分恣肆而快乐的童年。

萧红的祖母范氏，在家中算是厉害的角色了。范氏常骂萧红的祖父张维祯是"死脑瓜骨"，骂萧红是"小死脑瓜骨"，萧红也并不怎样在意。她会一边顶着骂声，一边拉着祖父的手往后园里走。反正，一到了后园里，可就是另外一个世界了。萧红在那里是非跑、非跳不可的。"要怎么样，就怎么样。都是自由的。"

萧红小时候还喜欢"捅窗户纸"，且偏爱捅范氏房里的。范氏有洁癖，所以屋里的窗户纸格外平展、新鲜，捅起来十分带劲，嘭嘭嘭地发出脆响，萧红喜欢听这音乐。即使遇到大人的阻止，她也不会吓得立马缩回手去，而是加速多捅几个，然后溜之大吉。这时，范氏若是来追她，她便笑得拍手跳脚，像一个小疯子。

有一次，她偷偷溜进范氏的房间，正捅第一个窟窿时，就被针猛地扎了一下。不明所以的萧红痛得眼泪在眼睛里直打转。后来她才知道，原来祖母早已拿着一根大针等候在外面，要给她一个狠狠的教训呢。不过，萧红只是不大喜欢祖母，却并不怕她。在范氏生病的时候，萧红还故意吓她。《呼兰河传》中有这样一段描写："祖母住着两间房子，是里外屋，恰巧外屋也没有人，里屋也没人，就是她自己。我把门一开，祖母并没有看见我，于是我就用拳头在板隔壁上，咚咚地打了两拳。我听到祖母'哟'的一声，铁火剪子就掉了地上了。我再探头一望，祖母就骂起我来。她好像就要下地来追我似的，我就一边笑着，一边跑了。"

可见，祖母的这一针，就算有着《还珠格格》中容嬷嬷的狠劲，但是，在萧红的心里，也并不见得怎样毒。

人心是解毒剂，孩子的内心天然纯净。只有受过污染的心，才会成为毒剂本身。

说到孩子，过去，人一下地就有乳名。并且，乳名几乎是大多数女人唯一的名字，因为既不上学，就用不着堂皇的"学名"。

萧红的乳名是"荣华"，她下面有三个弟弟，分别是富贵、连贵、连富。然而带"富"字的都早夭了，只剩下荣华和连贵（张秀珂）。

张爱玲曾说："旧时代的祖父，冬天两脚搁在脚炉上，吸着水烟，为新添的孙儿取名字，叫他什么他就是什么。叫他光楣，他就得努力光大门楣；叫他祖荫，叫他承祖，他就得常常记起祖父；叫他荷生，他的命里就多了一点六月的池塘的颜色。除了小说里的人，很少有人是名副其实的（往往适得其反，名字代表一种需要，一种缺乏。穷人十有九个叫金贵、阿富、大有）。但是无论如何，名字是与一个人的外貌品性打成一片，造成整个的印象的。因此取名是一种创造。"

萧红的名字也是祖父取的。那么，"荣华"是什么意思呢？

"华"，同花。荣华，开花之意，引申为人之显贵。然而，荣华也是"朝菌"的别名。《庄子·逍遥游》言：朝菌"不知晦朔"，朝生暮死，实是短寿之象。由此看来，萧红的名字，倒是比她的生日，更让人觉出不祥的意味。而她给自己取的笔名，倒过来念，则是"红消"。不正是林黛玉《葬花吟》的开头："花谢花飞飞满天，红消香断有谁怜"么？

2　但也总算是母亲

萧红的母亲姜玉兰二十一岁嫁到张家，比萧红的父亲张廷举还要大两岁。据说，她"幼从父学，粗通文字"，还会打算盘，是个精明强干的主妇。在《一九二九年底愚昧》中，萧红提到母亲"买羌贴"的事情。"羌贴"是东北地区对旧俄纸币的俗称。"一战"爆发后，沙俄财力日蹙，导致羌贴大幅贬值。沙俄故意炒作，怂恿民间"买羌贴"。一些人以为战争结束后，羌贴定能恢复原价。谁料，俄国革命以后，"'穷党'上台了"，银行无力兑现，买羌贴的人都血本无归，只得拿来糊墙，俗称"墙贴"。因为这事，姜玉兰与张廷举吵架。"父亲骂她'受穷等不到天亮'，母亲骂他'愚顽不灵'。"

除此之外，萧红直接回忆母亲的文字不多，倒是有一张三岁时与母亲的合影留存至今。

照片中的萧红，怎么看都更像是一个可爱的小男孩。她轻抿着嘴角，很有几分主见的样子，神情中透着几分倔强，略显严肃，但仍是惹人爱的。其母姜玉兰站在身旁，一手护在萧红的身后，面露一丝不易察觉的微笑。二人都仿佛拍证件照一般，看不出母女之间的亲疏程度。

这张照片得以保存下来，细细推究，却是有些蹊跷的。从曹革成《我的婶婶萧红》一书中可知，这张照片是由萧红的侄子即张秀珂之子张抗提供的。那么，它最初是由谁保存下来的呢？萧红漂泊的一生中，似从未提及与母亲的合影。祖母在她七岁时即病逝，母亲在她九岁时也被霍乱夺去了年轻的生命，她们都不可能是照片的保存者。随着祖父寿终正寝，家中渐渐只剩下张廷举和继母梁氏等人。那么，这张相片，唯有一直放在张家，才有保存下来的可能。

萧红三岁时与母亲的合影

波西米亚玫瑰的灰烬

萧红传

令人疑窦丛生的是，据说张廷举曾宣布与萧红断绝父女关系，并将其开除祖籍。1935年8月修撰的《东昌张氏宗谱书》中，在姜玉兰的名下，只写有"生三子"。而萧红作为长女，却没有记录在册。一种说法是萧红的出走"有辱清白门风"，遂将其除名；另一种说法是萧红和萧军1933年自费出版的《跋涉》引来日伪政府密探的盯梢（1932年日本已占领哈尔滨），并不时有人去张家进行调查，张家不堪恐怖之扰，遂将其除名。

其实，在儒家宗法社会，女性一般不能入本姓族谱，而是入夫姓族谱，且仅是附属在旁，称为某氏。民国时期，湖南《大界曾氏五修族谱》，曾把女子编入族谱，盖因该族的曾宝荪（女教育家，其曾祖父为曾国藩）成就非凡，谱后跋文也请了她来撰写。不过，这种情况在当时毕竟是少数。直到1986年，福建长乐横岭村谢氏修订家谱，把女作家谢冰心编入，并请其作序。由于序文是"光耀门楣"的谢家才女所写，谱中"世系表"、"瓜瓞图"便有了质的更变——冰心而下，女性都有了名字，她们的夫婿也"附属"列名，媳妇则不再称为某氏，而是写上全名。此举竟有人赞为"不啻是谱牒学上的一次革命"。

综上可知，旧时的女性要在族谱上"留名青史"，何其艰难。而萧红被开除祖籍，会不会系由后人杜撰？否则，都已到"开除"这么严重的地步了，还留着照片作甚？而当时的宗谱书中没有她的名字，也并不代表是被开除了的。

不过，就算是没有被开除祖籍，萧红也一度成为"家族以外的人"。张廷举对她很不满，几乎视她为"洪水猛兽"。据族人说，萧红走后曾给张秀珂来过信，张廷举发现后，对张秀珂说："你如果同她来往，这个家也是不要你的。"继母梁氏说，当时秀珂吓得两只手都在发抖。

1936年9月4日，萧红正客居东京，写出了一篇关于童年的自叙传性质的短篇小说《家族以外的人》。这篇小说有着奇特的审美效果，既见出单纯又表意杂糅。譬如最末这一句："有二伯的哭声更高了的时候，我就对着这眼前的一切更爱：它们多么接近，比方雪地是踏在我的脚下，那些房顶和树枝就是我的邻家！太阳虽然远一点，然而也来照在我的头上。"这像是一句"没有良心"的话，但若读过全文，当不会有这样的感受。

这篇小说中的"有二伯"，比她四年后在《呼兰河传》中所写的"有二伯"还要活灵活现，"我"与有二伯之间的关系也更为亲密。有二伯的一切让"我"感到了更多的隐秘的快乐。小说中的"我"年仅七岁，以童心观照世界，即便是听有二伯骂骂咧咧，也别有一番趣味。

"王八蛋……你还算个牲口……你黑心啦……"他看着墙根的猪说。

"一天到晚呱呱的……他妈的若是个人，也是个闲人……别享福……吃得溜溜胖……溜溜胖……"这是在骂鸭子呢！

"滚……鬼头鬼脑的……干什么事？你们家里头尽是些耗子。"这是在骂"我"。

即便有二伯骂"我"是耗子，仿佛也比母亲骂"我"是"小死鬼"来得好听。起码，耗子关"我"什么事呢？"我"可以毫不理睬。但是，母亲骂着"小死鬼"的时候，就好像叫着"我"的名字那般平常。

"我"竟然觉得有二伯比母亲还好。据说，萧红长大一些后，还会帮助有二伯缝补破旧的衣服，给他送吃的东西，有时背着家人把落花生、冻梨也送给他。

事实上，有二伯是个可怜的庸人，有着庸人常有的许多缺点，有点像《红楼梦》里的焦大，仗着在主子家服务多年，攒了一肚子气，随意发泄。母亲则是管教得严了些，显得不大有同情

全家福：后排左一为张秀珂，左三为张廷举，前排右二为继母梁氏

心，她会看着有二伯，起着"高笑"。

"我"则没事撒点小谎，闯点小祸之类的。一旦被母亲发现，"我"就往树上躲，踩得树叶喇喇响时，母亲便用火钳子打"我"；树叶掉光了，母亲便用小石子扔"我"。母亲那"高高的鼻子"、"很尖的下颚"以及"完全露着骨节的手指"，常使"我"心里感到害怕。这番关于外貌的描绘，竟与童话故事中的老巫婆一般。

当然，我们不必认定小说里的"我"是作者本人。但萧红的确是将自己的感情与生命借了一部分给"我"。从中可以想象，幼年时的萧红，与母亲的关系并不大好。

在另一篇直接回忆母亲的散文《感情的碎片》中，萧红写道："母亲并不十分爱我，但也总算是母亲。"大概在母亲身上，萧红未能感受到她所憧憬的"温暖"和"爱"。于是，关于母亲，留存在心的，也仅是"感情的碎片"。当"母亲死的时候"，热泪虽然"常常充满着眼睛"，然而"一次也没有滚落下来"。

萧红家中正院的五间房子，对她来说有着不同的"魅惑"。祖母住的西屋，有着许多古怪的玩意儿，比如钟的两旁站着帽筒，帽筒中插着孔雀翎毛。萧红说"它有金色的眼睛，总想用手摸一摸"。"祖母的大躺箱上也尽雕着小人，尽是穿古装衣裳的，宽衣大袖，还戴顶子，带着翎子。满箱子都刻着，大概有二三十个人，还有吃酒的，吃饭的，还有作揖的……我总想要细看一看，可是祖母不让我沾边，我还离得很远的，她就说：'可不许用手摸，你的手脏。'"

母亲住在东屋，屋里都是些普通的描金柜、花瓶之类的物什，反正没什么好看的，萧红被骂手脏的机会也就没有了。在母亲那里，这手作了别的用途，就是从储藏室里"偷黑枣"，"偷着把鸡蛋馒头之类，拿出去和邻居家的孩子一块去吃，有二伯一看见就没有不告诉母亲的，母亲一晓得就打我"。

有时，萧红夜里不敢一个人上茅房，便说："妈妈同我到茅厕去趟吧。"毕竟是母亲，所以也是第一时间想到的人。但母亲从来也不跟着去，只回一句："怕什么！"这时，父亲还跟着帮腔："怕什么！怕鬼怕神！"

于是，母亲的恶言恶色，与父亲的冷淡，一同留在了萧红童年的记忆当中。

萧红九岁时，母亲死了。有说是三弟连富出生后数月，染上鼠疫而死（也有说是死于肺病的）。家里虽有许多医生来过了，骑着白马的，坐三轮车的，拿银针放血的，但是都医治无效。

母亲"百日忌"过后，父亲便续了弦，继母名梁亚兰。据说，梁氏也是幼年丧母，因此对孩子们还算是客气，却难免在张廷举面前流露出对萧红的不满。加上其他诸种原因，导致萧红与父亲的关系难以缓和。

对于这个继母，萧红留下了一段关于她的正面描写："我联想到母亲死的时候。母亲死以后，父亲怎样打我，又娶一个新母亲来。这个母亲很客气，不打我，就是骂，也是指着桌子或椅子来骂我。客气是越客气了，但是冷淡了，疏远了，生人一样。"

同样是母亲的百日忌，许地山写过一篇文章《爱流汐涨》，却是如此悬殊：

> 素云是一个年长的丫头。主人的心思、性地，她本十分明白，所以家里无论大小事几乎是她一人主持。她带宝璜出门，到河边看看船上和岸上各样的灯色；便中就告诉孩子说："你爹爹今晚不舒服了，我们得早一点回去才是。"
>
> 孩子说："爹爹白天还好好地，为何晚上就害起病来？"
>
> "唉，你不记得后天是妈妈的百日吗？"
>
> "什么是妈妈的百日？"
>
> "妈妈死掉，到后天是一百天的工夫。"
>
> 孩子实在不能理会那"一百日"的深层意思。素云只得说："夜深了，咱们回家去吧。"
>
> ……
>
> 乐声远了，在近处的杂响中，最刺激孩子的，就是从父亲那里发出来的啜泣声，在孩子的思想里，大人是不会哭的。所以他很诧异地问："爹爹，你怕黑么？大猫要来咬你么？你哭什么？"他说着就要起来，因为他也怕大猫。
>
> 父亲阻止他，说："爹爹今晚上不舒服，没有别的事。不许起来。"
>
> ……
>
> 这晚上的催眠歌，就是父亲的抽噎声。不久，孩子也因着这声就发出微细的鼾息；屋里只有些杂响伴着父亲发出哀音。

难道张廷举竟没有这样的哀音？据说，张廷举在过年拜祖的时候，都不愿意当着孩子的面下跪，总是偷偷地磕了头之后，再叫孩子进去拜拜。那么，即使他也"不舒服"过，恐怕是不会让孩子知道的。他的"尊严"，如一座城堡般，古老而坚固。

3 谁喜欢你

"去吧……去……跳跳攒攒的……谁喜欢你……"母亲尖利的声音划过窗户，传到萧红的耳朵里。

跳跳攒攒的，怎么就不讨人喜欢呢？想想《玩偶之家》中的娜拉，海尔茂总称她为"小鸟儿"、"小松鼠"，这都是跳跳攒攒的小家伙啊。虽然，这样的家伙也很容易遭到质疑，一不小心，就变成了"小怪东西"，"真不懂事"！

管不了这许多了，萧红就是喜欢跳跳攒攒的。尤其是到了后花园里，那简直就是"非跳不可"的！她像是为了什么而不停地奔跑起来，其实是什么目的也没有，"只觉得这园子里边无论什么东西都是活的"。鲁迅先生曾说："凡活的而且在生长者，总有着希望的前途。"小小的在生长着的萧红，怎么可能不跳跳攒攒的呢！她还不知道未来会怎样，而"人和天地在一起，天地是多么大，多么远，用手摸不到天空。而土地上所长的又是那么繁华，一眼看上去，是看不完的，只觉得眼前鲜绿的一片"。

若问谁喜欢你，萧红可以回答："我跟着祖父，大黄狗在后边跟着我。我跳着，大黄狗摇着尾巴。大黄狗的头像盆那么大，又胖又圆，我总想要当一匹小马来骑它。祖父说骑不得。但是大黄狗是喜欢我的，我是爱大黄狗的。"

　　除了大黄狗，对萧红来说，呼兰这座小城里，最重要的人，就是她的祖父张维祯。这是一个性情温良的老人，幼年读过十余载诗书，"辍学时正逢家业隆胜之际，辅助父兄经营农商事务"。张家祖上是从山东莘县逃荒来"闯关东"的。经过几辈人的艰苦创业后，一度成为吉林、黑龙江两省最大的地主之一，连阿城县（今哈尔滨市阿城区）"福昌号屯"这个地名，都是因着张家的商号来取的。人说，富贵传家，不过三代。到张维祯这一代即第四代，家道开始中落，大地主变成了小地主。

　　张维祯秉性恬淡，不怎样会理财，屡被伙计坑骗。从祖上继承来的当铺、油坊、酒厂，纷纷倒闭。最后，仅剩下一些土地和房屋，基本靠着收租过日子，张维祯也乐得清闲。然而，老人家是寂寞的。他和范氏共生有三女一子，幼子不幸夭折，三个女儿又相继出嫁。于是，他们决定从族中过继一个男孩，便挑中了堂弟的儿子张廷举。那时，张廷举已十二岁。这便是萧红的父亲。

　　从血缘关系来说，祖父甚至还隔了一层。但祖父是爱萧红的。

　　萧红出生的时候，祖父已经六十多岁了。

　　"等我生来了，第一给了祖父的无限的欢喜，等我长大了，祖父非常地爱我。使我觉得在这世界上，有了祖父就够了，还怕什么呢？虽然父亲的冷淡，母亲的恶言恶色，和祖母的用针刺我手指的这些事，都觉得算不了什么。何况又有后花园！"

　　这后花园，其实也不过是一片农家的菜圃。"五月里就开花的，六月里就结果子，黄瓜、茄子、玉蜀黍、大芸豆、冬瓜、西瓜、西红柿，还有爬着蔓子的矮瓜。"

　　六月里，"后花园更热闹起来了，蝴蝶飞，蜻蜓飞，螳螂跳，蚂蚱跳，大红的外国柿子都红了，茄子青的青，紫的紫，溜明湛亮，又肥又胖，每一棵茄秧上结着三四个，四五个。玉蜀黍

后花园

的缨子刚刚才出缨，就各色不同，好比女人绣花的丝线夹子打开了，红的绿的，深的浅的，干净得过分，简直不知道它为什么那样干净，不知怎样它才那样干净的，不知怎样才做到那样的，或者说它是刚刚用水洗过，或者说它是用膏油涂过。但是又都不像，那简直是干净得连手都没有上过"。这段文字，可见出萧红的写作是多么自由，她经常说一些孩子似的话，不费气力就能达到"陌生化"的效果。

当然，萧红还是乐意把这菜园称作"后花园"。虽然园里没有什么好花，也没有什么高贵的草本植物，可是，这花园乍看上去，"无处不长着大花，墙根上，花架边，人行道的两旁，有的竟长在矮瓜或者黄瓜一块去了。那讨厌的矮瓜的丝蔓竟缠绕在它的身上，缠得多了，把它放倒了"，"可是它就倒在地上仍旧开着花。"

萧红整天就跟着祖父在后花园里边。祖父戴一个大草帽，萧红就戴一个小草帽。祖父种小白菜的时候，萧红就跟在后边，"把那下了种的土窝，用脚一个一个地溜平"。可是，"哪里会溜得准，东一脚的，西一脚的瞎闹"，有时把菜籽都踢飞了，祖

波西米亚玫瑰的灰烬

萧红传

父也不生气。

祖父铲地的时候，萧红也跟着铲地。拿不动那锄头杆，祖父就把锄头杆拔下来，让萧红单拿着那个锄头的"头"来铲。"其实哪里是铲，也不过爬在地上，用锄头乱勾一阵就是了。也认不得哪个是苗，哪个是草。往往把韭菜当做野草一起地割掉，把狗尾草当做谷穗留着。"祖父也不生气。

萧红在《生死场》中写过："母亲一向是这样，很爱护女儿，可是当女儿败坏了菜棵，母亲便去爱护菜棵了。农家无论是菜棵，或是一株茅草也要超过人的价值。"可是，祖父却不这样，他连一句"你真能败毁"的话都没说过，反而被萧红的天真傻气给逗笑了。笑得够了，他就慢慢地讲些常识给萧红听："谷子是有芒针的。狗尾草则没有，只是毛嘟嘟的真像狗尾巴。"

有时，祖父浇菜的时候，萧红会抢过他手中的水瓢，拼着劲儿往天空一扬，嘴里喊着："下雨了，下雨了。"在喜欢自己的人面前，萧红放肆地做着自己。她都"不知哪里来了那许多的高兴"。笑的声音，连自己都觉得震耳。

"就这样一天一天的，祖父，后园，我，这三样是一样也不可缺少的了。"

孟冬寒气至时，萧红喜欢"在大雪中的黄昏里，围着暖炉，围着祖父，听着祖父读着诗篇，看着祖父读着诗篇时微红的嘴唇"。父亲打了她的时候，她也在祖父的房里，"一直面向着窗子，从黄昏到深夜——窗外的白雪，好像白棉花一样飘着；而暖炉上水壶的盖子，则像伴奏的乐器似的振动着。"祖父时时会把多纹的两手放在她的肩上，而后又放在她的头上，她的耳边便响着这样的声音：

"快快长吧！长大就好了。"

"有一次，为着房屋租金的事情，父亲把房客的全套的马车赶了过来。房客的家属们哭着诉说着，向我的祖父跪了下来，于是祖父把两匹棕色的马从车上解下来还了回去。为着这匹马，父亲向祖父起着终夜的争吵。'两匹马，咱们是算不了什么的，穷人，这匹马就是命根。'祖父这样说着，而父亲还是争吵。"

从祖父那里，萧红知道了人生除掉冰冷和憎恶而外，还有温暖和爱。所以她就向这"温暖"和"爱"的方面，"怀着永久的憧憬和追求"。

不过，有一件事，让萧红心里对祖父生了"隔膜"。

那是"六岁了！我的聪明，也许是我的年岁吧！支持着使我愈见讨厌我那个皮球，那真是太小，而又太旧了！我不能喜欢黑脸皮球……"于是，在一个晴朗的夏日，萧红戴着草帽，自己出街去买皮球了。她胸有成竹地朝着母亲曾带领她到过的商店走去。不知过了多久，那家商店仍寻觅不到。她急切地想回家，"可是家也被寻觅不到"。

她竟没有哭。站在街心，抬头望天。她想先把太阳找到。因为平时见过父亲使用指南针，只要看看太阳，就能知道南北。她的家就在南边。可是，她并不能真正地分辨方向，她所知的还十分有限。她只有去问过路的人："你知道我的家吗？"

这时，一个洋车夫"搭救"了她。

萧红坐在车上，想起了祖母曾经讲过的"乡巴佬坐东洋驴子"的故事。

　　……那是可笑，真好笑呢！一切人站下瞧，可是那个乡下佬还不知道笑自己。拉车的回头才知道乡巴佬是蹲在车子前面，放脚的地方，拉车的问：

　　"你为什么蹲在这里？"

　　他说怕拉车的过于吃力，蹲着不是比坐着强吗？比坐在萧红想到这里，决定也蹲一蹲试试。她从座位上滑下来，蹲在车前放脚的地方。快到家的时候，她仍蹲在那里一动不动，"目的想给祖母一个意外的发笑"。她还怕家人不懂得自己的用意，故意用很尖的嗓门喊："看我！乡巴佬蹲东洋驴子！乡巴佬蹲东洋驴子呀！"

张家人都闻声而出，有的笑着，只有母亲姜玉兰大声骂着她。突然，洋车停了下来，萧红顿时失去了重心，从车上翻滚下去。祖父见状，"上前猛力打了拉车的，说他欺侮小孩，说他不让小孩坐车让蹲在那里。没有给他钱，从院子把他轰出去"。

萧红问祖父："你为什么打他呢？那是我自己愿意蹲着。"

祖父把眼睛斜了一下，说："有钱的孩子是不受什么气的。"

这大概是萧红第一次，也是唯一一次看见祖父打人。她说："所以后来，无论祖父对我怎样疼爱，心里总是生着隔膜。"

该如何理解这个"隔膜"？"慈祥而犹有童心的老祖父"，竟然会不问青红皂白地打人。

这里试提供一个理解的角度。张维祯生于1849年，读了十多年诗书，在儒家典籍中浸淫已久，难免有"亲亲为大"的伦理观念。许多人把"亲亲"单向解释为子女孝敬父母，然而，《礼记·经解》中已有阐释："上下相亲谓之仁。"儒家所倡导的仁爱总是把血亲关系放在首要位置。过分注重血亲关系，则决定了此仁爱是有秩序、有限度的。这就不难理解，张维祯为何会护孙心切、猛打车夫。

然而，在萧红朦胧的思想观念里，是不存在"亲亲为大"的。她发自本心地同情着车夫。她想得比祖父多一些。《蹲在洋车上》的文末，萧红这样地感慨："在这样的年代中我没发现一个有钱的人蹲在洋车上，他有钱他不怕车夫吃力，他自己没拉过车，自己所尝到的，只是被拉着的舒服滋味。假若偶尔有钱家的小孩子要蹲在车厢中玩一玩，那么孩子的祖父出来，拉洋车的便要被打。"可见，她从没把自己当作"有钱家的孩子"，或"我们祖上也阔过"的孩子。而她所朦胧地意识到的那一点与祖父的"隔膜"，恐怕近于儒家"亲亲"与墨家"兼爱"之间的差距。在这一方面，她与倾向墨家精神的鲁迅先生，更为接近。

不过，这些阐释，在萧红本人未必是自觉的。这个"隔膜"并不影响她对祖父的感情。她曾把鲁迅比作祖父。可见，在她的脑海中，这爱并没有那么明晰的区隔。她未必想到，在温暖和爱的方面，她已走得比祖父更远，远到"无穷的远方，无数的人们，都与我有关"。

4 其余的玩法

张廷举因为工作的关系，常常不在家里。他是黑龙江省立优级师范学堂毕业的高才生，先是分配到汤原县任农业学堂教员，兼实业局劝业员。劝业员是清末时为推行新政、振兴实业而设立的公职，被民国政府所沿袭。其日常的工作，主要是倡办地方上农、工、商、矿等各方面的实业学堂。与姜玉兰完婚后，张廷举辞去汤原县的职务，回到呼兰县担任农工学堂及改良私塾的教员，毕生从事教育事业。据张家的亲属说，张廷举也不善掌管家财，日子"过穷了"，甚至不时卖地以应支出。

张家的庶务几乎都交给女人打理。最初，家里的工作都是由祖母范氏负责安排。也许是嫌张维祯没用，范氏一般只让他干一件活儿——擦锡器。这一套锡器是范氏房间里的摆设，也算是古董了，颇有些收藏价值。干这活儿须得细心，切忌用任何硬物刮磨。用清水洗过一遍后，一定要用柔软的干布及时擦拭干净，否则会影响锡器的光泽。

张维祯擦锡器的时候，萧红就不大高兴，因为没人陪她玩了。母亲姜玉兰整天只是在屋子里忙着，外边的事情，她都不怎么看见。于是，萧红家的院子常常一天到晚都是静的。"尤其是到了夏天睡午觉的时候，全家都睡了，连老厨子也睡了。连大黄狗也睡在有阴凉的地方了。所以前院，后园，静悄悄地一个人也没有，一点声音也没有。"

《呼兰河传》中，便响起一个复沓的声音："我家是荒凉的"，"我家的院子是荒凉的"……

"就是晴天，多大的太阳照在上空，这院子也一样是荒凉的。没有什么显眼耀目的装饰，没有用人工设置过的一点痕迹，什么都是任其自然，愿意东，就东，愿意西，就西。"

在这样衰败的景象里，萧红一个人玩着的时候，也能看出生机。比如"砖头晒太阳，就有泥土来陪着。有破坛子，就有破大缸。有猪槽子就有铁犁头。像是它们都配了对，结了婚。而且各自都有新生命送到世界上来。比方缸子里的似鱼非鱼，大缸下边的潮虫，猪槽子上的蘑菇等"。

不过，一柄生了锈的铁犁头却是难住了她。

这东西"什么也不生，什么也不长，全体黄澄澄的，用手一触就往下掉末，虽然他本质是铁的，但沦落到今天，就完全像是黄泥做的了，就像要瘫了的样子。……这犁头假若是人的话，一定要流泪大哭：'我的体质比你们都好哇，怎么今天衰弱到这个样子？'"

萧红对人类苦难不可遏制的同情，不光给了弱者，也给了"强者"。从一柄生了锈的铁犁头，看出万物生死流转、变化无常的本相，她看到那"强者"也有流泪大哭的时候。

"看来看去地看一下"，便成了萧红的玩法之一。

为什么？因为这也是生活呀！

鲁迅先生曾说过这样的话："有一些事，健康者或病人是不觉得的，也许遇不到，也许太微细。到得大病初愈，就会经验到。"比如，他病愈后四五天的夜里，忽然醒了，喊醒了许广平，说："给我喝一点水。并且去开开电灯，给我看来看去地看一下。"许广平有些惊讶地问："为什么？……"鲁迅答道："因为我要过活，你懂得么？这也是生活呀，我要看来看去地看一下。"许广平仍是没有开灯。显然，她不懂得"看"的意思。

萧红似乎早已懂得了。但是，院子对她来说还是太大了。有时，寂寞让她承受不住，她就给自己搭起了"小屋"。她家的窗子是可以摘下来的，她便把这窗子靠在墙上，制造出一个斜坡，而这斜坡下的空间，便成了她的小屋，她常常睡到这小屋里边去。

实在太无聊的时候，她会偷偷地溜进家中的储藏室。这是一个极黑的小后房。里面装着坛子罐子，箱子柜子，筐子篓子，还有许多耗子，蜘蛛网也很多。这里成了她探险的地方。她只敢去翻那些箱子、抽屉。至于筐子笼子，她是不敢动的，因为那上面灰尘不知有多厚，蛛丝也不知有多少。

萧红会趁着下午，天还有一点亮光的时候，潜进小黑屋。她觉得这屋子很好玩，里边有一些好看的，或者在别的地方没有见过的东西，譬如花丝线、香荷包、绣花的领子、蓝翠的耳环，还有木刀、竹尺、观音粉、小锯子。她喜欢拿着这个小锯子，到处"毁坏起东西来"。桌腿上锯一锯，炕沿上锯一锯，吃饭的时候，她就用这小锯，锯着馒头。

有一次，她发现了一块"圆玻璃"。拿给祖父看时，祖父说这是显微镜。说着的当儿，他就装好了一袋烟，将显微镜放在太阳底下照着，过了一会儿，这袋烟就烧着了。

还有一次，她捡到了一块"废铁"，四方形的，上面还有一个小窝。拿给祖父看时，祖父就把榛子放在小窝里打，榛子跑出来了，可比牙咬要快多了。萧红感到，"这该多么使人欢喜，什么什么都会变的。你看他是一块废铁，说不定他就有用……"

于是，每到秋雨过后，后花园开始黄的黄，败的败，直到让冰雪封盖住，萧红就往那小黑屋里去探险。有时，不等后园关闭，她也会从里面搜点东西出来。对她来说，这里边是无穷无尽的什么都有，使她感到"这世界上的东西怎么这样多！而且样样好玩，样样新奇"。

这些旧物，经萧红这么一倒腾，得以重见天日，而风烛残年的老人们竟也从中得到了些"回忆的满足"。他们说道："这是你大姑的扇子，那是你三姑的花鞋……"

一切都有了来历。

普鲁斯特说："事实上，恰如某些民间传说的亡灵所经历的那样，我们生命的每个时辰一经消亡，立刻灵魂转生，隐藏在某个物质客体中。消亡的生命时辰被囚于客体，永远被囚禁，除非我们碰到这个客体。通过该客体，我们认出它，呼唤它，这才把它释放。"

萧红在小黑屋里的"探险"，释放了那些隐藏其中的灵魂。

第二章　密封的罐头

1　小学校与大水坑

1911年10月10日，萧红出生一百多天后，正值辛亥革命爆发，时代在发生哗变。

1919年5月4日，五四运动爆发，学生代表们喊着口号："中国的土地可以征服而不可以断送！中国的人民可以杀戮而不可以低头！国亡了，同胞起来呀！"然而三个多月后，国尚未亡，萧红的母亲亡了。

这一年，萧红九岁。年底的时候，萧红的鞋面上还缝着祭奠母亲的白布，继母梁氏就过了门。别人觉得不好，才把白布撕掉，领她到梁氏面前磕头认母。当时，萧红的三个弟弟中，大弟富贵在四年前就死了，还剩下小她六岁的二弟张秀珂和出生才八个多月的三弟连富。张秀珂是别人"把着"给梁氏磕了头，梁氏当时还抱了抱连富，算是当了三个孩子的后妈。不久，连富被送到阿城县张廷举的四弟家中寄养，一岁左右即夭亡。在那个年代，孩子早夭的事情似乎经常发生。周作人的四弟也是年仅六岁就患急性肺炎而死，而与他一同患天花的妹妹，未满周岁即夭折。

年幼的萧红，就已先后经历了祖母、大弟、母亲、三弟的死亡。

萧红的父亲似乎是一个特别难沟通的人物，家中接连发生了这些事故，更加变了样——"偶然打碎了一只杯子，他就要骂到使人发抖的程度。后来就连父亲的眼睛也转了弯，每从他的身边经过，我就像自己的身上生了针刺一样；他斜视着你，他那高傲的眼光从鼻梁经过嘴角而后往下流着。"

萧红还注意到，即使是对待后母，父亲也是"喜欢她的时候，便同她说笑，他恼怒时便骂她，母亲也渐渐怕起父亲来"。萧红禁不住想："母亲也不是穷人，也不是老人，也不是孩子，怎么也怕起父亲来呢？"后来，她到邻居家里去看，邻家的女人也是怕男人。到舅舅家里去，舅母也是怕舅父。

1920年秋天，呼兰县乙种农业学校开设了女生部，萧红成了这所学校的第一批女生学员。由于学校设在龙王庙内，俗称龙王庙小学，现已更名为"萧红小学校"。当时，这所学校只有"初小"，相当于现在的小学一年级至三年级。

《呼兰河传》中提到这所学校，它在东二道街的南头，而这条街上恰有一个五六尺深的大水坑——"不下雨那泥浆好像粥一样，下了雨，这泥坑就变成河了，附近的人家，就要吃它的苦头……"

这水坑不但阻碍了车马，也阻碍了行人。于是，有人说这街道太窄了，把路旁的院墙拆一拆吧。也有人说，这院墙是拆不得的，不如沿着墙根种一排树，这样，下雨时人们就可以攀着树过去了。

人们想尽各种办法"造出奇妙的逃路来，而自以为正路"，却没有一个人说，要用土块把这个水坑填平。

于是，这大水坑总免不了出乱子。

有一次，下大雨的时候，龙王庙小学校长的儿子掉进了坑里，一个卖豆腐的把他救了上来。当人们得知那孩子的身份后，便纷纷议论起来。有的说一定是因为学校设在龙王庙里边，所以得罪了龙王爷；有的说是校长在课堂上讲，老天下雨不是因为拜了龙王爷，而是一种自然现象，于是，龙王爷要抓他的儿子来实行报复；还有的说，那学堂里的学生太不像样了，他亲眼看见学生们把蚕放在龙王爷的手上，还爬上龙王的头顶，给他盖个草帽。

有人建议："孩子是千万上不得学堂的。一上了学堂就天地人鬼神不分了。"这时，旁边便有人附和："比方吓掉了魂，他娘给他叫魂的时候，你听他说什么？他说这叫迷信。你说再念下去那还了得吗？"

不过，萧红好像没有受到影响。她仍然念下去了。

1924年，萧红初小毕业后，考入了街道北头的初高两级小学校女生部，读高小一年级。在那个时代，一个高小毕业生，就算是厕身知识分子行列了。萧红得了一个学名，叫张迺莹，是祖父给取的。

从此，上下学的时候，大水坑成了她的必经之地。如果绕行，就要多走二三里路。萧红第一次过水坑的时候，紧张得心里扑腾扑腾直跳。班里的男孩子们很快就过去了，他们站在安全的地方，以不屑的口吻朝剩下的女生喊："绕着走吧，你们女孩子过不了的！"萧红那时才不管这些，她很不服气地瞪大眼睛说："哼，你们等着瞧吧！"说完，她就挽起裤腿，两手扒着路边的板墙，很小心、也很吃力地走过去了。后来，萧红的弟妹们也都像她一样，接力赛似的天天从那里经过。

这所高等小学的学生，最大的竟有二十四岁，在乡下私塾已经教过四五年书了才来上高小。还有的同学，在粮栈里当过两年的管账先生。

萧红觉得很有意思，她说："这小学的学生写起家信来，竟有写道：'小秃子闹眼睛好了没有？'小秃子就是他的八岁的长公子的小名。次公子，女公子还都没有写上，若都写上怕是把信写得太长了。因为他已经子女成群，已经是一家之主了，写起信来总是多谈一些个家政：姓王的地户的地租送来没有？大豆卖了没有？行情如何之类。"

当时，萧红的父亲正好升任了小学校长。因为对这所学校师资不足、生源杂乱不满，他将萧红转入了呼兰县第一女子初高两级小学校。作为插班生，萧红引起了同学的关注。傅秀兰就是其中的一位，她原以为萧红是"有钱的孩子"，一定会有些派头。谁知，她看到的萧红"穿的是阴丹士林布的蓝上衣、黑布格子、白袜子、黑布鞋，和大家的打扮是一模一样的。她的性格温和、恬静，而且平易近人，只是不太爱说话。"

据说，当地有钱人家的子女都是坐自家的马车上学的，那是有钱人家的象征。尽管家里离学校都很近，却非坐车不可，好像不如此，别人就不知道他们是阔家子女了。萧红从来不坐马车上学，同学问她："你怎么不坐马车上学呢？"她听了笑着说："我又不是小姐，我可怕把身体坐坏了。"

萧红确实没有那些阔家子女的娇气，无论是扫地还是擦黑板、桌椅，她都很认真，打扫得很干净。教室的窗子尤其不好擦，那时的花窗子，只有中间一块玻璃，周围全用白纸糊在窗框上，萧红擦得很有耐性。不知她是否还记得小时候捅窗户纸的嗜好，这回看到了窗户纸，该不会手痒吧。

那只"后花园"里跳跳攒攒的小鸟儿，走进了学堂，就变成一个沉静的姑娘。像娜拉一样，别小看她们，有时，她们也能担当重任，并将秘密深埋在心里。

从她同父异母的弟弟张秀琢处可知，"姐姐读起书来是不知疲倦的。有时到了吃饭时间，她还不回屋来，常常要人去喊她"。张廷举也并非不会在大家面前提起萧红。他曾对众儿女说，萧红特别好学，读小学时就学唐诗。家里藏书不少，她几乎每一本都翻一翻，有些开始她看不大懂，可她坚持学习，随着年龄与学识的增长，就愈来愈用心了。她学习成绩很好，从读小学起就是班级的高才生，常常受到老师的夸赞，说她天资聪颖，很有前途。

萧红"早晨念诗，晚上念诗，半夜醒了也是念诗"，渐渐地对古文感到了兴趣。有一次，听伯父讲《吊古战场文》：

> 浩浩乎，平沙无垠，夐不见人。河水萦带，群山纠纷。黯兮惨悴，风悲日曛。蓬断草枯，凛若霜晨。鸟飞不下，兽铤亡群。亭长告余曰："此古战场也，常覆三军。往往鬼哭，天阴则闻。"伤心哉！秦欤汉欤？将近代欤？……

伯父念得有些声咽，萧红听到后来竟也哭了。残酷的战争给人们带来的痛苦，从这时起她便已模糊地感受到。而这位伯父，是萧红当时唯一崇拜的人物。在她看来，伯父"说起话有宏亮的声音，并且他什么时候讲话总关于正理，至少那时候我觉得他的话是严肃的，有条理的，千真万对的"。伯父也很喜欢萧红，在她五六岁时，常常从北边的乡村带来榛子给她。

> 我渐渐长大起来，伯父仍是爱我的，讲故事给我听。买小书给我看，等我入高级，他开始给我讲古文了！有时族中的哥哥弟弟们都唤来，他讲给我们听，可是书讲完他们临去的时候，伯父总是说："别看你们是男孩子，樱花比你们全强，真聪明。"
>
> 他们自然不愿意听了，一个一个退走出去。不在伯父面前他们齐声说："你好呵！你有多聪明！比我们这一群混蛋强得多。"
>
> 男孩子说话总是有点野，不愿意听，便离开他们了。谁想男孩子们会这样放肆呢？他们扯住我，要打我："你聪

明，能当个什么用？我们有气力，要收拾你。”"什么狗屁聪明，来，我们大家伙看看你的聪明到底在哪里！"

伯父当着什么人也夸奖我："好记力，心机灵快。"

萧红为人所知的最早一篇文章，是写于高小二年级时的《大雨记》。写的是5月的一个夜晚，呼兰县城突遭暴雨袭击，许多人家的房屋都倒塌了，她的好友傅秀兰家附近的一户贫苦农民，抱着自己的孩子逃出危房，一不小心掉进大水坑里淹死了。文中生动描写了当晚的雨势，表达出对那户农民遭际的同情。这篇作文，获得了老师们的交口称赞。

不久，她就要高小毕业了。

2　向家庭施行的"骗术"

高小毕业前夕，发生了一件奇怪的事情。

6月末，毕业考试已结束，成绩迟迟没有公布。直到毕业典礼前十分钟，榜单才贴到了显眼的位置。同学们蜂拥而上，寻找自己的名字。前三名赫然列着的是张迺莹、傅秀兰、吴鸿章。大家炸开了锅，迺莹的学习还不错，但平时一般都在十来名左右，怎么突然……

当天，张廷举作为已上任的县教育局局长，参加了这所学校的毕业典礼。于是，在学生们中间，便流传开一些流言蜚语。有人说，一定是校长为了讨好新上司，所以弄虚作假地把张迺莹列为榜首。

毕业典礼上一派宾主尽欢的景象。张廷举神气满满地坐在嘉宾席上，校长笑脸盈盈地作陪。底下的同学叽叽咕咕："那就是张廼莹的爸爸，他们长得真像啊。那圆脸，那稍大的鼻子。"
萧红也有耳闻，本来是傅秀兰考了第一，吴鸿章考了第二，结果……她一点也不觉得这是一件光荣的事情，据傅秀兰回忆，
"张廼莹也显得十分尴尬，她先是瞪大了眼睛吃惊地望着榜，立刻涨红了脸，然后难过地低下头去，丝毫没有因考取优异成绩的那种高兴情绪。"

更糟糕的是，高小毕业后，萧红被剥夺了继续上学的权利。

当时，呼兰尚没有女子中学。因此，班里家境不好的同学一般都考取了免费的省城女子师范学校，而家境富裕一些的，大多去了哈尔滨念中学。张家就有许多子弟在哈尔滨上中学。萧红也想去哈尔滨，但被父亲和继母严词拒绝。

张廷举整天把脸沉着，待萧红闹着要去上学的时候，"他瞪一瞪眼睛，在地板上走转两圈，必须要过半分钟才能给一个答话：'上什么中学？上中学在家上吧！'"

萧红感到很气闷，"一天天睡在炕上，慢慢我病着了！我什么心思也没有了！一班同学不升学的只有两三个，升学的同学给我来信告诉我，她们打网球，学校怎样热闹，也说些我所不懂的功课。我愈读这样的信，心愈加重点"。

在家里拖了大半年，萧红什么也不做，怏怏地躺在床上，继母看不惯她的样子，二人发生争吵。梁氏故意把门打开，让别人看看。父亲就冲着萧红骂："你懒死啦！不要脸的。"她感到父亲就像是没有一点热气的鱼类，一架任意压轧他人的机器。萧红过于气愤了，反问："什么叫不要脸呢？谁不要脸！"张廷举感到作为父亲的尊严受了极大的冒犯，"听了这话立刻像火山一样暴裂起来。当时我没能看出他头上有火冒出没？父亲满头的发丝一定被我烧焦了吧！那时我是在他的手掌下倒了下来，等我爬起来时，我也没有哭"。

从此，父亲加倍地"尊严"起来了。

"每逢他从街上回来，都是黄昏时候，父亲一走到花墙的地方便从喉管作出响动，咳嗽几声啦！或是吐一口痰啦！后来渐渐我听他只是咳嗽而不吐痰，我想父亲一定会感着痰不够用了呢！我想做父亲的为什么必须尊严呢？或者因为做父亲的肚子太清洁？！把肚子里所有的痰都全部呕出来了？"

祖父看不下去了，拄着拐杖，颤动着白色的胡子，说："叫荣华上学去吧！给她拿火车费，叫她收拾收拾起身吧！小心病坏了！"

父亲仍是那一套招牌动作，说："上什么学！上学！"

后来，祖父也不敢问了。因为无论哪位亲戚朋友，提到萧红上学的事情，张廷举都是"连话不答，出走在院中"。

张廷举到底是怎样想的呢？一个县教育局局长的女儿，难道只是读完小学，识得字就够了吗？

也许萧红伯父的想法，可以作一个参考：

> 现在一讲到我上学的事，伯父微笑了："不用上学，家里请个老先生念念书就够了！哈尔滨的女学生们太荒唐。"
>
> 外祖母说："孩子在家里教养好，到学堂也没有什么坏处。"
>
> 于是伯父斟了一杯酒，夹了一片香肠放到嘴里，那时我多么不愿看他吃香肠呵！那一刻我是怎样恼烦着他？我讨厌他喝酒用的杯子，我讨厌他上唇生着的小黑髭，也许伯父没有观察我一下，他又说："女学生们靠不住，交男朋友啦！恋爱啦！我看不惯这些。"
>
> 从那时起伯父同父亲是没有什么区别，变成严凉的石块。

萧红童年时最崇拜的一个人物，竟然也不同意她去上学了！

没有什么人可以帮助她。于是，她决定向家庭施行"骗术"。

正在她与家庭抗争的时候，萧红从同学处听说了两件令人震惊的事情。

据傅秀兰口述，一是她们班的陈瑞玉，"在读五年级时，被广信公司经理李广闻看中了，要娶做儿媳妇。陈瑞玉的爸爸，是呼兰县杏花天银行的经理，这门亲事是他求之不得的。没等毕业，李家就把她娶了过去，哪知丈夫是个吃喝嫖赌的纨绔子弟，老婆婆又抽大烟，每天要侍奉到下半夜，熬得陈瑞玉又黄又瘦。老婆婆在夏天的中午，还要去后花园的小屋里睡一觉，我们常常借这个机会，去后花园看她。她见了我们也不说什么，只是默默地掉眼泪，我们对她也是爱莫能助，只能陪着她落眼泪。我们去齐齐哈尔之前，曾多次去看她。有一次，她说张迺莹来看过她。关于陈瑞玉的结果，传说不一，一说她跳井自杀，一说她忧闷而死"。

二是他们上高小时的班长田慎如，到呼兰县天主教堂当修女去了。据说，田慎如长得很漂亮，毕业后在齐齐哈尔上女子师范学校，父亲在县城里开木匠铺。当地有一位王姓官员对田慎如垂涎已久，想逼她为妾。田父胆小怕事，遂写信将女儿骗回。田慎如听后，勃然大怒，跑到王姓人家痛斥了对方一顿。王某怀恨在心，转而怂恿当地县长娶她为妾，结果县长也挨了她一顿骂。田父害怕极了，哭丧着脸对女儿说："你把县长都骂了，他们若是再来找麻烦，我这木匠铺还怎么开呢？"田慎如果断地说："我绝不连累您，我出家去！"不久，她就去了教堂。这教堂正离张家大院不远。

于是，萧红扬言，若不让她去哈尔滨读书，她也要去教堂里当"洋姑子"。

这可把祖父给急坏了，他把张廷举夫妇痛骂了一顿，并威胁

"康疆逢吉"牌匾

说，如果孙女真的当了修女，他连这条老命也不要了。这一年夏天，张维祯才过了八十寿诞。呼兰县县长还特意率呼兰地方官员前来为他祝寿，并赐"康疆逢吉"牌匾一块。张廷举哪敢担此风险？终于招架不住。

萧红长大后，坦率地承认："当年，我升学了，那不是什么人帮助我，是我自己向家庭施行的'骗术'。"

初一暑假，萧红从哈女中放假回家，她感到与伯父之间，有"一种淡漠的情绪，伯父对我似乎是客气了，似乎是有什么从中间隔离着了"！

我与伯伯的学说渐渐悬殊，因此感情也渐渐恶劣，我想什么给感情分开的呢？我需要恋爱，伯父也需要恋爱。伯父见着他年轻时候的情人痛苦，假若是我也是一样。

那么他与我有什么不同呢？不过伯伯相信的是镀金的学说。

波西米亚玫瑰的灰烬

萧红传

而她此时，梦想的是走出家乡，去看更新的事物。

3　对不住或软弱的心情

1927年秋，萧红十七岁，入哈尔滨东省特别区区立第一女子中学校就读，简称东特女一中或哈女中，现为萧红中学。

哈尔滨素来有"东方莫斯科"、"东方小巴黎"之称。早在20世纪30年代，就有西方作家在一篇题为《"满洲"，争斗的泉源》的文章中指出："哈尔滨和大连是现代化的大都市，它们的潜力远在北平、南京之上，甚至可以和上海并驾齐驱。"东特女一中便坐落在哈尔滨市中心的一处俄式住宅区内。它的前身是私立"从德女子中学"。当时有一首校歌：

从德兮，松江滨，广厦宏开，气象新，学子莘莘，先生

哈尔滨"东特女一中"

谆谆。莫道女儿身，亦是国家民，养成了勤朴敏捷高尚德，方为一个完全人。

然而，学生对此有另外的理解。萧红在东特女一中最好的朋友之一徐薇告诉我们："有的文章把'从德'写成'崇德'，那是搞错了。什么叫'从德'？就是'三从四德'么！"

她们都反感学校束缚女生的行为，觉得整个学校，就像是一个"密封的罐头"。萧红在文章里形容校长是"那个白脸的"、"假装着女皇的架子"、"那混蛋"。不知谁给校长取了一个外号"孔大牙"，大家就都跟着这么叫。据说"'孔大牙'很专制，学校门禁森严，凡有来信，除未婚夫的外，都要拆封检阅（学校知道谁有未婚夫及某人的未婚夫是谁）"。

徐薇，原名徐淑娟，曾因"思想过激"而被校方开除，故而改名徐薇。她比萧红小三四岁。萧军小说《涓涓》的女主人公，就是以她为原型。涓涓的取名，是拼凑"淑娟"的左右偏旁而成。书中的莹妮则是萧红。

"当时我同萧军并不认识，萧军是从萧红那儿得到素材的。"徐薇后来看了这篇小说，"小说虚构了涓涓家庭的反动，以衬托出涓涓的叛逆性，突出了她的反抗精神。……《涓涓》里面写了好几个哈女中的同学，都很传神。"

那时，"反动"还是个可好可坏的词儿。有时它带着反讽的意味，比如王长简笔名芦焚，芦焚这个名字，是英文ruffian的音译，意为暴徒、恶棍。芦焚在致友人的书信中说，他之所以使用"芦焚"这个笔名，是"因为'四一二'蒋介石背叛革命后，无政府主义者吴稚晖曾到处讲演并写文章：对于暴徒，格杀勿论！他的暴徒是指共产党人"。取这个笔名，可想他是同情革命，渴望新生的一派。

涓涓的"反动"也体现在这里。受时代氛围影响，徐淑娟年轻时的观念是："现在是动乱的年代，我们要做一个自觉的革命者。张迺莹、沈玉贤也这么说，有人说我太自负，我就反驳：'别人可以是自觉的革命者，就不允许我是自觉的革命者？'这时，张迺莹，沈玉贤总是帮我跟人辩论。我们三人都自称是'自觉的革命者'。"

不久，哈尔滨"一一·九"学生运动给了她们一次充当"革命者"的机会。萧红在《一条铁路的完成》中描述了运动的整个过程。

先是一群"拿长棒的童子军"闯进了哈女中的校长室，他们嚷着："你不放你的学生出动吗？……我们就是钢铁，我们就是熔炉……"女校长起初不肯答应，相互起着激烈的争吵。萧红在文中说："这件事情一点也不光荣，使我以后见到男学生们总带着对不住或软弱的心情。"她觉得女校长应该支持这次学生运动。然而，女校长是在"她的恐惧中"，"好像被鹰类捉拿到的鸡似的软弱，她是被拖在两个戴大帽子的童子军的臂膀上"，无奈地对女生们喊着："你们跟他们去，要守秩序，不能破格……"而后童子军们把她放了，她抬起一只袖子来，仿佛恢复了一些女皇的架子，说道："不能和那些男学生们那样没有教养，那么野蛮……你们知道你们是女学生吗？记得住吗？是女学生。"

就是这样，四百多名女学生跟着童子军们走了。男学生们还怕有所遗漏，他们到处搜索，连女厕所都没有放过。萧红就挤在这几千人的行列中，"那时我觉得我是在这几千人之中，我觉得我的脚步很有力。凡是我看到的东西，已经都变成了严肃的东西，无论马路上的石子，或是那已经落了叶子的街树。反正我是站在'打倒日本帝国主义'的喊声中了"。

当一行人正在咆哮着的时候，他们迎面遇见了一位穿和服的女人，她背上背着一个小孩，手中还提着一棵大白菜，"于是那'打倒日本帝国主义'的大叫改为'就打倒你'"，另一方面，他们又"用自己光荣的情绪去体会她狼狈的样子"。

第二天，大家仿佛已成了胜利者，不满于第一天的"游行"、"请愿"，而要"示威"了。人群中反复喊着：

"有决心没有？"

"有决心！"

"怕死不怕死？"

"不怕死。"

接着，便听到了接连的枪声。"大队已经完全溃乱下来，只一秒钟，我们旁边那阴沟里，好像猪似的浮游着一些人。女同学拥挤进去的最多，男同学在往岸上提着她们……"队伍重新聚拢起来，可是枪声又响了。学生们又发着号令，这次改为了"打倒警察……"

萧红不无幽默地写道："这一场斗争到后来我觉得比一开头还有趣味，在那时，'日本帝国主义'，我相信我绝对没有见过，但是警察我是见过的，于是我就嚷着：'打倒警察，打倒警察！'"

第三天的报纸上，可以看到许多受伤的学生们的照片，而他们此次游行的目的，也并没有达成。日本人想要修建的铁路，终于还是建成了。据说，通过这条铁路，日本能在二十几个小时内，把兵运往东北三省。

萧红细致地描绘了这次学生运动的悲喜剧效果。

对十七岁那年的萧红来说，这次"反动"的一个重要意义就是，"密封的罐头"被打破了。然而，她也因此长久地有了一份"对不住或软弱的心情"。是幸还是不幸？

4 打开了一扇窗

萧红早年写过一些诗，然而写得并不很好，很短的几首生前都没有发表，如《公园》，只有一句："树大人小，/秋心沁透人心了。"

她现存最早的一篇散文，是创作于1933年的《弃儿》，明显带着自传性质，写得极好。当时，她正被囚禁在旅馆。洪水来临，无处可栖时，她注意到，"不知谁家的小猪被丢在这里，在水中哭喊着绝望的来往的尖叫。水在它的身边一个连环跟着一个连环的转，猪被围在水的连环里……小猪横卧在板排上，它只当遇了救，安静的，眼睛在放希望的光"。

她进一步想，"猪眼睛流出希望的光和人们想吃猪肉的希望绞缠在一起，形成了一条不可知的绳"。也许，在那个时刻，她觉得自己就像是那头小猪吧，也被一根不可知的绳系着。美国散文家E.B.怀特写过一篇《一头猪的死亡》，云："无疑，它对我是很珍贵的，倒不是因为在一个饥饿的年代里，它意味着一道难得的美味，而是因为在一个苦难的世界上，它也跟着吃了苦头。"最后一句，是多么打动人心。

而萧红对"猪"的观照，得益于她敏锐的眼光和精准的笔触，这些都与她在哈女中受到的教育有些关联。虽说这所学校有时令人气闷，但教学质量还是过得去的。在这里，萧红最爱上的是美术课（最不喜欢上的是体育课）。

她们的美术老师是从上海回来的艺术青年，毕业于上海美专，名叫高仰山，吉林人。萧红写的《商市街·饿》中提到了一位图画先生，有人说就是高仰山，只是在文章中改名换姓为"曹先生"。当时，萧红住在欧罗巴旅馆，时常像"饿在笼中的鸡一般"。"曹先生"接到她的信后，去旅馆看她，并留下了一张钱票，还有一段告诫：

"还是一个人好，可以把整个的心身献给艺术。你现在不喜欢画，你喜欢文学，就把全心献给文学。只有忠心于艺术的心才不空虚，只有艺术才是美，才是真美。'爱情'这话很难说，若是为了性欲才爱，那么就不如临时解决，随便可以找到一个，只要是异性。爱是爱，'爱'很不容易，那么就不如爱艺术，比较不空虚……"

当时，萧红正与萧军同居。"曹先生"来到旅馆的时候，只有萧红一个人在。于是他问："你一个人住在这里吗？"萧红也不知为什么，答应："是——"于是，"曹先生"便说了那番话。然而，萧红并非不喜欢绘画而把全心献给文学，她是把绘画放进了自己的文学里。她的爱情观也不如"曹先生"那么洒脱。对当时的她来说，那张钱票远远比告诫更为重要。而且，她也并非天生就只需要艺术。倒是萧军曾说过："为了一个老婆，还要费去这样多的心思，真不如独身的好。也许我会有什么也不需要的那一天——只要艺术！"

读初中时，萧红在高仰山的指导下，经受过严格的铅笔素描、水彩、油画等训练，并参加了初中四班的野外写生画会。高仰山是领队，每逢星期日，只要不下雪，他们就携着画具一起到校外，欣赏松花江对岸美丽的景色。从野外，她们带回了"活气"，以及画作成品，很快地感染了其他的同学，得到了许多的叹美。从《商市街·搬家》中可以知道，萧红在初中时还是有些引人注目的。萧军教武术的小徒弟的三姐，也曾是哈女中的学生，名叫汪林。她说差不多每天都在学校看见萧红，不管在操场还是礼堂。"张迺莹"这个名字她也记得很熟，但是萧红一点也不认识她。

当时，萧红喜欢绘画、篆刻、书法，她幻想着未来能成为一名女画家。可惜的是，由于生活的困窘，她根本就没有学画的条件。直到已成为一位知名作家，几乎当起了一些报刊的台柱子后，仍念念不忘学习绘画。1936年11月24日，萧红在东京给萧军写信，说道："我对于绘画总是很有趣味，我想将来我一定要在那上面用功夫的。我有一个到法国去研究画的欲望，听人说，一个月一百元。我这个地方也要五十元的。况且在法国可以随时找点工作……"1937年，她从日本回来以后，用炭条给萧军画了一张速写，旁边题字"写作时的背影"。据萧军说，这幅画的成因是"她一时写不出文章来，而看着我赤着背脊在大写特写，这使她很'嫉妒'也很生气，一'怒'之下就画下了这张速写"，并强调这是萧红亲口对他说的。

萧军对这幅画的评价是："画得确属不坏，线条简单、粗犷而有力，特征抓得也很鲜明，她绘画的才能是很高的，可惜她没把它认真发挥出来。"萧军只说对了一半，萧红的绘画才能的确没有得到很好的发展，尤其是在实际的操作上。但是，在形象思维方面，她极富天才。她有一种强大的"有画"的能力。没有条件绘画，她也可用

萧红为萧军所作的炭笔速写（1937年）

文字作画。比如，她描写火烧云："天上的云从西边一直烧到东边，红彤彤的，好像是天空着了火。这地方的火烧云变化极多，一会儿红彤彤的，一会儿金灿灿的，一会儿半紫半黄，一会儿半灰半百合色。葡萄灰，梨黄，茄子紫，这些颜色天空都有，还有些说也说不出来、见也没见过的颜色。"

这大概也是在无可奈何之下，培养出来的一种转化能力。

尤其在她的短篇作品中，比如《王阿嫂的死》开篇，就颇具油画的质感：

> 草叶和菜叶都蒙盖上灰白色的霜，山上黄了叶子的树，在等候太阳。太阳出来了，又走进朝霞去。野甸上的花花草草，在飘送着秋天零落凄迷的香气。
>
> 雾气像云烟一样蒙蔽了野花、小河、草屋，蒙蔽了一切声息，蒙蔽了远近的山岗。
>
> 王阿嫂拉着小环，每天在太阳将出来的时候，到前村广场上给地主们流着汗；小环虽是七岁，她也学着给地主们流着小孩子的汗。

此外，萧红读初中时，几乎读遍了校图书馆的文学藏书。

她们的史地老师，是一个从北平回来的大学生，经常会在课上说一些世界各地的奇闻异事。他和高仰山一样，也都有着良好的文学修养，一致认为"旧式的哀情小说之类的书，无价值"。他们向学生介绍鲁迅、茅盾、郁达夫，还有莎士比亚、歌德等人的作品。

萧红的国文老师，也是鲁迅的书迷。当时的青年，几乎成风地在读鲁迅。萧红最爱读的是鲁迅的《野草》。这本集子，初版于1927年7月。当时萧红十七岁，很快就要进哈女中读初一了。在相差不多的时间里，二十岁的萧军在另外一个地方读着《野草》。那时，他刚从吉林省一个营盘的骑兵晋升为"文书见习上士"，也就意味着，他从此可以不再出操、站岗、值勤。他有一个习惯，喜欢在公园里看书。据他自己说："约在1927年晚秋的季节，我可能是饮了几杯酒，就在一处林木丛生比较幽静的地方一条长椅上睡熟了。这长椅前边有一具长桌，桌对面也有一条同样的长椅和这条长椅面对着，——这地方是我经常来的，有时在这里读读书，写些什么，困倦了就在这椅上睡一睡。"那天，他带了两本书，其中一本就是《野草》，为此，他还结识了"怪诗人"徐玉诺。正是萧军手上的那本《野草》吸引了徐的目光，徐盛赞它是真正的诗。

有意思的是，萧军在读《野草》时产生了强烈的共鸣，据他自己说："我不止一次地做过《聪明人和傻子和奴才》中的傻子……我也不止一次地像……我也曾像……我也曾如……"萧军读到的更多是自我。

然而，萧红显然不是这样。据徐薇回忆，她们当时对作品中的许多妙句和篇章都能背诵，有时结合文章，讨论人生的意义。她们认为，做人就要像鲁迅写的那样去做——她们读到的是理想中的人生。

以上只是徐薇的回忆，并不能完全代表萧红的阅读感受。但从萧红的作品中可以看出，她的写作也确是受到了《野草》的影响，尤其是《秋夜》、《雪》这些风格的篇章。

如果无法理解萧红为何如此渴望读书，不妨读读周作人的《妇女运动与常识》。文中指山："妇女运动在中国总算萌芽了，但在这样胡里胡涂，没有常识的人们中间，我觉得这个运动是不容易开花，更不必说结实了。"因为，有些"顽固的反动"势力认为："女人是天生下来专做蛋糕的。"

周作人说："我不知道他们根据什么，便断定女子只应做蛋糕，尤其不懂有什么权利要求女子给他们做蛋糕？这真是一个笑话罢了。倘若以为这是日常生活里的需要，各人都应知道，那么也不必如此郑重的提倡，也不能算作常识的项目，更不能当作人生的最高目的。我希望现在主持妇女运动的女子和反对妇女运动的男子都先去努力获得常识，知道自己是什么，人与自然是什么，然后依了独立的判断实做下去，这才会有功效。"

接着，他列出了五组"正当的人生的常识"。

第一组：人身生理（特别注意性的知识）、心理学、医学大意、教育；

第二组：生物学（进化论遗传论）、社会学（文化发达史）、历史、善种学（即优生学）等；

第三组：天文、地学、物理、化学、实业大要等；

第四组：数学、哲学等；

第五组：艺术概论、艺术史、文艺、美术、音乐等。

周作人不会那么傻，列一堆大而无当的常识，让人望洋兴叹。他意识到有些人会作出此反应，所以解释道："一眼看去，仿佛是想把百科知识硬装到脑里去"，其实，"这个计画本来与中学课程的意思相同，不过学校功课往往失却原意"。

也就是说，这些常识原本是我们在中学时便应接触到的"大略"、"大要"。

而在所有人生的常识中，有两点是最基本的："譬如有了性的知识可以免去许多关于性的黑暗和过失；有了文化史的知识，知道道德变迁的陈迹，便不会迷信天经地义，把一时代的习惯当作万古不变的真理了。"

返回来看萧红，不"迷信天经地义"，她做到了。然而"性的黑暗和过失"，在人生的途中却未能免去。周作人呼吁"特别注意性的知识"，然而那时的中学，怕是不会有什么完善的生理教育课吧。

第三章　"我十九，一无所知"

1 订婚

1929年，萧红十九岁，从与父亲打斗着的生活中走出来已有一两年，做着哈尔滨东特女一中的住校生。学校放寒假时，她带着行李返回呼兰。一个多小时的车程，她想着祖父、珂弟，还有随身携带的《呐喊》、《追求》，才觉得了一丝温暖。

她这一年回家，仍是无法摆脱父亲的独断安排。一份谁也没有料到的，在"渺茫中好像三月的花踏下泥污去"的命运。经六叔张廷献保媒，萧红将嫁给哈尔滨顾乡屯的汪恩甲。汪恩甲是张廷献的朋友汪大澄的弟弟，和张廷献、汪大澄一样，都是从吉林省立第三师范学校毕业的。汪恩甲当时还是三育小学的老师，而他的哥哥汪大澄任该校校长，加上汪父又是顾乡屯的一个小官吏，与张家也算得上门当户对。这些都让张廷举觉得满意，两家很快就订下婚事，并约定等萧红初中毕业后即结婚。

在那个新旧交替的时代，男女婚嫁的形式也是参差多态，有新有旧。一般来说，先经过介绍，然后交往一段时间再订婚，这都算是偏新的了，即便是在21世纪的当下，仍多有这样的事例。萧红自己没有提及这次订婚的具体过程，从他人提供的材料看，她应该是在不大了解汪恩甲的情况下就与之订婚的，仍然是"父母之命，媒妁之言"。

苏青曾说，20世纪30年代的《杂志》上有篇文章，叫《女大不嫁》，说以前总是中学生想嫁大学生，大学生想嫁留学生。战事发生后，没有了留学生的来源，于是女大学生就难嫁了。这些调侃，也可窥出当时女子择偶心理之一斑。

订婚时，萧红恰是一个初中生，而汪恩甲似乎也算是个大学生，他曾在哈尔滨法政大学读过夜校。据说，萧红一开始也不反对的。当时，她接触过的男性并不多，学校里也有人找对象，往往是开学时一个班四十余人，到毕业时人数减了一半，都嫁人去了。而学校也是允许的，有未婚夫的学生，还能享受通信自由的"特权"。

然而，青年人一般来说观察力尚差，早婚是很不宜的。张爱玲曾说："早婚我不一定反对，要看情形的。有些女人，没有什么长处，年纪再大些也不会增加她的才能见识的，而且也并不美，不过年轻的时候也有她的一种新鲜可爱，那样的女人还是赶早嫁了的好。……至于男人，可是不宜于早婚，没有例外。一来年轻人容易感情冲动，没有选择的眼光，即使当时两个人是非常相配的，男的以后继续发展，女的却停滞了，渐渐就有距离隔膜。"

萧红自然不是"没什么长处"的女人。她在此生最后一篇小说《小城三月》中，谈及了对"订婚"的看法，不过不是在说自己。

小说的主人公叫"翠姨"。小说中写道，"她的亲妹妹订婚了，再过一年就出嫁了。在这一年中，妹妹大大的阔气了起来，因为婆家那方面一订了婚就送来了聘礼……她妹妹的聘礼大概是几万吊，所以她忽然不得了起来，今天买这样，明天买那样，花别针一个又一个的，丝头绳一团一团的，带穗的耳坠子，洋手表，样样都有了……"

但是，萧红笔下的翠姨，对于妹妹的订婚，心里一点也不羡慕——"妹妹未来的丈夫，她是看过的，没有什么好看，很高，穿着蓝袍子黑马褂，好像商人，又像一个小土绅士。又加上翠姨太年轻了，想不到什么丈夫，什么结婚。"

翠姨喜欢"我"在哈尔滨念书、穿西装的表哥。但是，翠姨也被迫订婚了，未来的丈夫才十七岁，还不如她高，也穿着蓝袍子黑马褂。订婚之后，"不久翠姨就很有钱。她的丈夫的家里，比她妹妹丈夫的家里还更有钱得多……翠姨的母亲常常开解翠姨，人小点不要紧，岁数还小呢，再长上两三年两个人就一般高了。劝翠姨不要难过，婆家有钱就好的。……而且还有别的条件保障着，那就是说，三年之内绝对不准娶亲……"可是，转眼三年了，翠姨的婆家，张罗着要娶亲了，翠姨一听就得了病。她是不愿意嫁的，心病难治，最后死了。

这篇小说写于1941年。回想萧红十九岁时，她未必就已想到什么丈夫，什么结婚，顶多也只是想谈谈恋爱罢了。尤其是在父母处得不到关爱的女生，则更加容易早恋。何况，萧红当时还是一个懵懂女子，一个弄不清"打倒苏联"是怎么回事，就积极参与"佩花大会"，组织募捐的热血青年。多年后，她写了一篇《一九二九年底愚昧》，记的就是这次事件，她感到了自己的"愚昧"。但就是在这样的年纪，她恋爱了，她也需要恋爱。

可惜，张爱玲也只料到女人会停滞，却没曾想，有些男人也会停滞。"距离隔膜"是难免的了。

关于汪恩甲，我们所知的还是很有限。仅从目前掌握的资料看，与他相关的"标签"是：纨绔、庸俗、抽大烟、失踪……

"人的心在移动是常态，不移动是病理。幼少而不移动是为痴呆，成长而不移动则为老衰的症候。"汪恩甲自出场以后，真就没怎么变过。大概是因为他消失得太早了。

2　玫瑰树下的颤怵

令人刻骨铭心的1929年。

初二寒假，萧红回家看祖父时，就发现了祖父的不同："他喜欢流起眼泪来，同时过去很重要的事情他也忘掉。比方过去那一些他常讲的故事，现在讲起来，讲了一半，下一半他就说：'我记不得了。'"

他开始想念自己的女儿，对萧红说："给你三姑写信，叫她来一趟，我不是四五年没看过她吗？"萧红惊讶地发现，祖父记住了五年没见过三姑，却忘了五年前，他的三女儿已经死了。

这对萧红构成了强烈的冲击。

据张秀珂回忆："母亲死后，我们的生活虽然没有怎样挨饿受冻，但条件的确是恶化了，失去母爱，无人照顾，给我们身体和精神都造成了很大损失。唯一还关心爱护我们的，就是萧红在《呼兰河传》中所提起的祖父了。"这是萧红一生中最重要的一个人，却注定要先她而去。

深夜，萧红守在祖父房里，"祖父睡着的时候，我就躺在他的旁边哭，好像祖父已经离开我死去似的，一面哭着一面抬头看他凹陷的嘴唇。"

萧红想起了许多往事：

> 祖父不怎样会理财，一切家务都由祖母管理。祖父只是自由自在地一天闲着；我想，幸好我长大了，我三岁了，不然祖父该多寂寞。我会走了，我会跑了。我走不动的时候，祖父就抱着我；我走动了，祖父就拉着我。一天到晚，门里门外，寸步不离，而祖父多半是在后园里，于是我也在后园里。

鸭子比小猪更好吃，那肉是不怎样肥的。所以我最喜欢吃鸭子。我吃，祖父在旁边看着。祖父不吃。等我吃完了，祖父才吃。他说我的牙齿小，怕我咬不动，先让我选嫩的吃，我吃剩了的他才吃。祖父看我每咽下去一口，他就点一下头，而且高兴地说"这小东西真馋"，或是"这小东西吃得真快"。我的手满是油，随吃随在大襟上擦着，祖父看了也并不生气，只是说："快蘸点盐吧，快蘸点韭菜花吧，空口吃不好，等会要反胃的……"

祖父是个长得很高的人，身体很健康，手里喜欢拿着个手杖。嘴上则不住地抽着旱烟管，遇到了小孩子，每每喜欢开个玩笑，……把孩子头上的帽子骗取下来，藏在袖口或衣襟下。孩子就抱住他的大腿，向他要帽子。每当祖父这样做一次的时候，祖父和孩子们都一齐地笑得不得了，好像这戏还像第一次演似的。

萧红眼前浮现出祖父笑盈盈的眼睛，以及孩子似的笑容，她的心要裂了。

祖父一天一天地变起样来，据说，他后来还抽起了大烟，照顾孙女的精力也不足了。但这已不重要了，重要的是，祖父快死了。萧红第一次感到离家是很痛苦的。寒假结束后，她推迟了四天才回到学校。

同年3月，她又回了一趟家。大门一开，她就远远地注视着祖父住的屋子。她看到祖父白色的脸和胡子闪现在玻璃窗里。

"我跳着笑着跑进屋去。但不是高兴，只是心酸，祖父的脸色更惨淡更白了。"

祖父告诉她，前些日子，他突然想解手，一个人颤巍巍地去不了，得有人扶着。他招呼了几声，没人听见，按电铃也没有人过来。于是，他就只得一个人去。还没走到后门口的时候，腿颤、心跳，眼前发花了一阵就倒下去了，险些没跌断了腰。最后，他还是一个人慢慢地爬回炕上的。

等到屋子里一个人都没有的时候，祖父就在萧红面前一边用袖口擦着眼泪，一边说起了这件事情。萧红想起小时候一个人害怕上茅厕，爸妈都不肯陪她去。那时，祖父已睡下了，听到她的喊声，便爬起来，赤着脚，上衣还敞开着，陪她到外面茅厕去。

回顾往事，萧红顿时感到眼软，落下泪来。

她返校的时候，回望家宅，祖父白的脸孔和胡子仍闪现在玻璃窗里。

没有说一句"永别"的话。但下次再回来的时候，祖父已经死了。

"这回祖父不坐在玻璃窗里，是睡在堂屋的板床上，没有灵魂地躺在那里。我要看一看他白色的胡子，可是怎样看呢！拿开他脸上蒙着的纸吧，胡子，眼睛和嘴，都不会动了，他真的一点感觉也没有了？"

萧红害怕起来，号叫起来。吃饭的时候，她喝了酒。用祖父的酒杯喝的。她想起十年前死了妈妈，她仍在后园中捉蝴蝶。这回祖父死去，她却喝了酒。

"祖父装进棺材去的那天早晨，正是后园里玫瑰花开放满树的时候。"饭后，她跑到后园的玫瑰树下，卧倒、回想……

她想起小时候在后园里面，一切都玩厌的时候，她会去摘玫瑰花。摘下来用草帽兜着。在摘那花的时候，要克服两种恐惧：一是怕蜜蜂蜇人，二是怕玫瑰上的锐刺。好不容易摘了一堆，没有用处，便往祖父的草帽上插一两圈。祖父蹲在地上拔草，她就给他戴花。祖父不知道她在干吗，却闻到了玫瑰花的香味，说道："今年春天雨水大，咱们这棵玫瑰开得这么香。二里路也怕

萧红往祖父帽檐上插玫瑰的塑像

闻得到的。"听完这话，萧红笑得浑身发颤。

然而这次，玫瑰花开满树时，她是哭得发颤。

《千家诗》里的《回乡偶书》，当年的小荣华曾跟着祖父一起念着：

> 少小离家老大回，乡音无改鬓毛衰。
>
> 儿童相见不相识，笑问客从何处来。

小荣华问祖父："为什么小的时候离家？离家到哪里去？我也要离家的吗？等我胡子白了回来，爷爷你也不认识我了吗？"

祖父笑了，说："等你老了还有爷爷吗？"

小荣华心里突然感到了恐惧，她不高兴了。祖父见状，连忙说道："你不离家的，你哪里能够离家……快再念一首诗吧！念'春眠不觉晓'……"

小荣华一念起"春眠不觉晓"来，又是满口地大叫，得意极了。她完全高兴，什么都忘了。

1929年6月7日，祖父死了的时候。这个已长大的女孩子心想着："以后我必须不要家，到广大的人群中去。"人群中，已不见了她的祖父。

3 恐惧与诱惑

1986年的电视剧《西游记》，开头有这样一个情景：石猴觅得水帘洞为住处后，众猴喜不自胜，正当设宴欢饮之时，一只年迈的老猴突然倒地而亡。众猴掩面悲泣，俱以生死无常为虑。于是石猴决心云游海角，远涉天涯，寻得一个不老长生之道。

如此看，面对死亡，往往是一次变化的契机。它所带来的恐惧，让人意识到自身生命的有限、知识的有限。死亡把人类推向一些问题的边界，如阴和阳，已知和未知等等。边界外，或许是禁忌，但也可能是诱惑。

祖父的死亡带给萧红的影响，若深入下去，不能说没有这种恐惧和诱惑的错综。她已永远地失去了从前的爱的倚待，只剩下对未来的爱的憧憬。她只能向前看，前方也许是荆棘，也许是风景。

这时，汪恩甲作为萧红的未婚夫，顺理成章地成为她前方看到的第一个人。不过，萧红几乎没有留下任何与他相关的文字。她倒是提过，1930年左右，有一个鼻子有点发歪的男同学给她写信，说很钦佩她在"佩花大会"上的勇敢表现，说这种女生他从来没有见过，并想要和她交朋友。有人说，这人就是萧红的表哥陆哲舜，但也有人不同意此说法。因为，据萧红的好友李洁吾说，陆与萧是青梅竹马，不过此说也没有旁证。能够确定的只是，1930年左右，陆哲舜出现在了萧红的生活中。

骆宾基，作为萧红临死前最后四十四天的陪伴者，在他的《萧红小传》中这样写道：

> 秋天，她逃出那个封建的家庭，那个古老的县城。她又到了建筑辉煌的哈尔滨。在这里，她的未来是无限美的，自由而广阔。
>
> 在这里有一个姓李的青年在等待着她。据说他是法政大学的学生，而又一说，是在女一中授过课的教员。总之，在暑假，他们之间就有着友谊，而那个青年在爱慕她，也是当时她所感到的。他们当时通着信。
>
> 少女时代的萧红并不是喜欢谈情说爱的，这从她那恬静而孤僻的性格上，可以知道。这次的出奔，有着两种主要的因素，那就是给那个顽固的父亲一个损伤，它的重要性，不在逃避那个家庭主妇的囚犯式命运之下；而所以这样的勇敢，又是有所恃的，那就是这李姓青年的影子，这豪气而充满蓬勃的生命力的人物。

这个"李姓青年"说，被后来的萧红研究者们否定了。基本上，现在都沿用"陆哲舜"说。

问题在于，骆宾基在文章的下方作了个注，特别肯定地声明："以上并非作者根据传闻加以想象渲染之笔，而是根据萧红先生于太平洋战争期间，在香港思豪酒店寓居时所作的漫谈。"也就是说，他自信提供的是第一手资料。那么，就不妨看看，他是怎么描述萧红与那位青年的来往。假定，他只是把姓名记错了而已。

据骆宾基说，那个所谓"豪气而充满蓬勃的生命力"的青年，携着萧红，在南下的火车上，却突然变得"若有所思，眼神有些隐约"。他们下车后，带着自己的行李，走到住处，竟有一个梳着发髻，抱着小孩的少妇在房间里面，她狐疑地注视着萧红。这时，李姓青年的眼光已是"怯怯"的了。萧红猜出，这是他的妻子。

令人匪夷所思的是，骆宾基接下来写道：

> 而那个年轻少妇也立刻从她丈夫的嗫嚅不清的答话里知道少女和他的关系了。她大声叫嚣起来。

> 萧红注视着那个勉强作笑的青年，她的眼睛坚定而冷静。

> "好。"她说，"我走了，再见。"

> 她不是悲愤地离开那里，而是矜持地昂然走开。她当时想："难道我来和你争男人的么？真是笑话。"她傲然而豪气地走了。北平的尘土、红墙、土路，对她完全失去了魅力。她伤心地哭了。

仔细想想，一个男人带着自己的"情人"，大老远回到自己的家中，家中还有一个抱着孩子的妻子。他事先谁也不打招呼，"情人"还不知道他有妻子。结果，男人被妻子问得嗫嚅起来，"情人"悲愤地离开。这场景也实在太不合情理了。而且，让人同样不明白的是，萧红到北平去做什么呢？仿佛只是为了"损伤"父亲，摆脱家庭主妇的命运。

其实，已有不少人指出，骆宾基的《萧红小传》多有失真之处。比如，他说在萧红病重的日子里，只有他一人陪伴左右。事实上，很长一段时间内，端木蕻良也在场，但在骆宾基的宛转行文之下，端木却奇迹般地"原地消失"了。而他所说的"并非渲染之笔"，恐怕不足为信。

1930年4月，萧红的表哥陆哲舜从哈尔滨法政大学退学，准备就读北平中国大学。萧红于是也向父亲表达了初中毕业后到北平读高中的愿望，但遭到拒绝。1930年夏天，萧红初中毕业了，父亲要萧红尽快完婚。在同学徐淑娟等人的鼓动下，萧红假装同意结婚，从家里骗出一笔钱，出走北平。

那时，许多年轻人从《娜拉》一剧中学会了"出走"。据张爱玲说："报上这一类的寻人广告是多得惊人：'自汝于十二日晚九时不别而行，祖母卧床不起，母旧疾复发，合家终日以泪洗面。见报速回。'一样是出走，怎样是走到风地里，接近日月山川，怎样是走到楼上去呢？根据一般的见解，也许做花瓶是上楼，做太太是上楼……"

那么，萧红是走到哪里去了？

4　出走

1930年，萧红第一次离家去如此遥远的地方——北平。她到底是做什么呢？

据李洁吾回忆，他与萧红第一次遇见，是在哈尔滨的朋友徐长鸿家中。他还记得初见时萧红的模样："她剪着整整齐齐的短发，大大的眼睛特别有神，穿着白褂青裙，白袜青布鞋，行动敏捷，举止大方……"在见面之前，陆哲舜曾嘱托他："我有个表妹很想到北平上学，你如果到长鸿家去，可能会碰到她，就把北平的情况和她说说吧……"

果然，那天在徐长鸿家里吃过中饭，徐母提议他们一起去看电影。萧红却一个劲地询问李洁吾关于北平的情况。"走在路上她也在问，坐到了电影院里她还在问，一直到电影散场了，她的问题多得还没问完。"李洁吾尽量地回答她的问题，比如：北平有哪些较好的学校；学生们的一般思想状况如何；有哪些类型的学生；有些什么样的社会活动……就这样一问一答，一场电影几乎一点也没看。

当李洁吾回到北平时，萧红已经在北平女师大附中上学了。

当时，她与表哥陆哲舜住在二龙坑西巷的一座有着八九间房屋的小独院里，他俩分住在北面的两个房间。房子离他们的学校都很近。安住下来后，萧红给好友徐淑娟寄了一张照片。照片上她穿了一身浅色西装，左手插在长裤口袋里，右手直直垂着，短发，没有半点笑容。

萧红很快认识了几位谈得来的同乡，他们以前都在哈尔滨读过书，所以到北平后经常见面。年轻人围桌漫谈，常常是聊到巷子里值夜人敲响了梆子的时候，才踏着月光返校。在这群人里面，有个人从来没有缺席过，自称"全勤生"，就是时年二十二岁的李洁吾。

李洁吾这个人，倒是很值得一说。他留下了一篇回忆萧红的

在北平读书时的萧红

二十三岁左右的李洁吾

文章《萧红在北京的时候》，记叙了萧红三次去北平的经历，情感真挚，内容翔实。读过，让人觉得他是非常关心萧红的。据他自己说，他与萧红相处的时间，加在一起总共不到半年，但萧红给他留下了非常深刻的印象。

从他对萧红的观察中，可以看出他的用心之深。他对萧红的描述，应是很贴近真实的：

> 她，不轻易谈笑，不轻易谈自己，也不轻易暴露自己的内心；
>
> 她的面部表情总是很冷漠的，但又现出一点天真和稚气；
>
> 她的眉宇间，时常流露出东北姑娘所特有的那种刚烈、豪爽的气概，给人一种凛然不可侵犯的庄严感；
>
> 她有时也笑，笑得是那样爽朗，可是当别人的笑声还在抑制不住的时候，她却突然地止住了，再看时，她的脑子似乎又被别的东西所占据而进入了沉思；她走路很快，说到哪里去，拔腿就走；
>
> 她走路总爱抢在同行人的前面，一直走去，从不回头，经常使我们落在后边的人，望着她的背影，看她走路的样子发笑；
>
> 她没有一点娇柔作态的女人气，总是以一个"大"的姿态和别人站在平等的地位上；
>
> 她的感情丰富而深沉，思想敏锐并有独立的见解；
>
> 她富于理想，耽于幻想，总好像时时沉迷在自己的向往之中，还有些任性。这，大概就是她的弱点吧！

突发奇想，如果把"她"都改作"你"，写给萧红，简直就成了一封情书。

李洁吾对萧红极好。那时，萧红到北平没多久，一方面被家中催逼着结婚，另一方面，在北平读着书，却陷入了经济的困窘中。天冷，她穿着单衣去学校，被同学笑话："到底是关外人，不怕冷。"

家中除了警告她赶快回家结婚的信件之外，再没有别的东西寄来，萧红只能暂时依靠陆哲舜的资助。陆的家境不错，但他的经济也并不独立，虽已成家，却仍靠家里提供一切的费用。12月，眼看就要下雪了，她用旧棉絮和单衣改制了一件小棉袄。李洁吾看到萧红在改制棉袄，便向同学借了二十元钱交给萧红，让她买件棉毛衫裤穿着挡挡风寒。

还有一次，李洁吾本人倒是没提，是萧红在散文《中秋节》中写的：

> 森森的天气紧逼着我，好像是秋风逼着黄叶样，新历一月一日降雪了，我打起寒颤。
>
> 开了门望一望雪天，呀！我的衣裳薄得透明了，结了冰般地。跑回床上，床也结了冰般地。我在床上等着董哥，等得太阳偏西，董哥偏不回来。向梗妈借十个大铜板，于是吃烧饼和油条。
>
> 青野踏着白雪进城来，坐在椅间，他问：
>
> "绿叶怎么不起呢？"
>
> 梗妈说："一天没起，没上学，可是董先生也出去一天了。"
>
> 青野穿的学生服，他摇摇头，又看了自己有洞的鞋底，走过来，他站在床边又问："头痛不？"把手放在我头上试热。
>
> 说完话他去了，可是太阳快落时，他又回转来。董和我

都在猜想。他把两元钱放在梗妈手里，一会就是门外送煤的小车子哗铃的响，又一会小煤炉在地心红着。同时，青野的被子进了当铺，从那夜起，他的被子没有了，盖着褥子睡。

这已往已往的事，在梦里，又关不住了。

这里的"青野"就是李洁吾。"董哥"是陆哲舜。梗妈大概是同住一个院子的佣人。

据说，在北平的时候，萧红、陆哲舜、李洁吾和另外一名男同学一同去看过一次电影，片名《泣佳期》，内容是一个很有才能的画家与一个流浪街头的女子相爱的故事。看完电影后，他们一同讨论着实际生活中的感情问题。李洁吾说："我认为爱情不如友情，爱情的局限性太大，必须在两性间，青春期才能够发生。而友情，则没有性别与年龄的限制，因而，是最牢固的。"从他的这番言论来看，他很有可能会是那种为了留住自己爱的女子，而宁愿只与之做朋友的男子。倒是陆哲舜，想对萧红有不轨的行为。据李洁吾回忆，萧红将此事告诉他，他狠狠地骂了陆哲舜一通，"随后就起身回学校去了，将近有一个星期左右的时间没再去看望他们"。

后来，陆家知道了萧红的事情，对陆哲舜发出了警告：如果他们一起回东北，就给寄路费。否则，此后什么都不寄了。陆哲舜决定向家庭妥协，萧红指责陆哲舜"重利轻离别"。然而，大家也都爱莫能助。

萧红被家里囚禁了起来，精神极度痛苦。

奇怪的是，一个月后，她又出现在了北平。李洁吾说："这次来京，她穿了一件貂绒领、蓝绿华达呢面、猞子皮里的皮大衣。"还送了他一小瓶白兰地酒和一盆马蹄莲花。

萧红的心愿仍是上学，她与李洁吾商量此事。二人觉得以他们当前的财力，无法缴纳数额可观的学费，只好等陆哲舜重返北平后，再作商议。可是，没等到陆哲舜，却等来了汪恩甲。数天后，萧红没有跟李洁吾打声招呼，就随汪恩甲一起回东北了。这让李洁吾的心情不能平静，也让人无法知道，究竟是出于何种原因。

回到东北后，萧红随继母搬到了阿城县福昌号屯，被软禁了六个月之久。后来，萧红是在姑姑和七婶的帮助下，才得以逃出福昌号屯，旋即逃到了哈尔滨，开始了街头"女浪人"的生活。

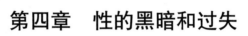

第四章　性的黑暗和过失

1 两极端

流浪在"清凉的街头"，突如其来，一个微温的时刻——萧红遇见了自己的堂弟张秀珂。

秀珂带着萧红进了一家咖啡馆。那里的窗子已结满了苍白的霜，萧红的衣领却脱着毛，她成了被同情者。然而，她的良善促进着她的坚强，她的坚强同时守护着她的良善。她不但感到了自己的渺小，同时也感到了"同情者"的渺小。她开始关心起堂弟来。堂弟却总是把话题转移到她的头上。

这时，许多外国人走进来。其中，有些"响着嗓子的，嘴不住在说的女人"。萧红闻到了她们满衣的香气。她感到"那安闲而幸福的态度"离自己是多么辽远。同样坐在那里喝着咖啡，但她与人群是隔着的。她暗哑着。

堂弟劝她回家，说："你的头发这样长了，怎么不到理发店去一次呢？"

这句话无意中刺痛了萧红的神经，提醒了她已散漫流荡多时，几乎身无分文了。"为了有青春，和没有钱剪发……"萧红感到心中有什么东西复燃起来，"热力和光明"鼓荡着她。也许是一种混合着感动、辛酸与骄傲的情绪，促使她有些激动地说："那样的家我是不想回去的！"

秀瑞无法，二人走出咖啡馆。萧红这时在文中伸出一个鬼手，写道："初冬，朝晨的红日扑着我们的头发，这样的红光使我感到欣快和寂寞。"仔细体味，能感受到萧红身上的朝气，那时的心情非常符合她的年纪——二十岁。"欣快"，是因为她的内心敏感善良、容易满足，容易燃起希望；"寂寞"，则证明了她所选择的是一条"弃旧迎新"的道路，同行的伴侣还没有出现。

当秀瑞最后一次劝说她回家时，她的回答是："那样的家我是不能回去的，我不愿意受和我站在两极端的父亲的豢养……"

"豢养"，一般指喂养牲畜。可见这个家庭，对她来说意味着什么。如果回去，吃住自是不成问题的，接下来当然是结婚生子。和旧时代所有的女性一样，"受着自己儿子以外的一切男性的轻蔑"。萧红早就看透了这样的生活。她宣布与父亲站在了"两极端"，不愿受他的豢养。这意味着，她想做一个真正的"人"。她要从冰冷桎梏的一端走出来，向着"温暖和爱"的一端走去。

只是，祖父死后，萧红觉得这一端的面目，有些难辨。她曾在一刹那想着，汪恩甲，或者其他的什么人，是否也在这一端。

流落街头的日子里，萧红实在是受着严厉的寒风催逼得太紧了，"眼泪差不多和哭着一般流下，用手套抹着，揩着"，手套几乎是结了冰，睫毛绞结在一起，积雪随着风在她的腿部横扫。她终于鼓起勇气去敲亲戚家的门，明明看到房里还亮着灯呢，可是，无人应答。

夜深了，仍找不到住处。再这样下去，恐怕要冻死了。一个陌生的女人收留了她。这是一个"人牙子"，收养了一个十三岁的孤雏，准备卖给妓院。她一定也打起了萧红的主意。

萧红在陌生女人的家中住了两天，言谈中知道了这些情况后，赶紧离开了。"两天没有见到太阳，在这屋里，我觉得狭窄和阴暗，好像和老鼠住在一起了。假如走出去，外面又是'夜'。但一点也不怕惧，走出去了！"她们还偷去了萧红的一双套鞋。这回，萧红是"用夏季里穿的通孔的鞋子去接触着雪地"。虽然，她经过那些"平日认为可怜的下等妓馆"的门前时，竟觉得她们比自己幸福，但这种"幸福"还不至于蛊惑她。

那时，工作也不好找。萧红笔下的金枝，进城做"缝穷婆"，就是给人补衣裳。萧红缝补的手艺不错。但金枝后来遭到了顾客的性骚扰，"金枝勇敢地走进都市，羞恨又把她赶回了乡村……""金枝要做尼姑去"，可是，"出家庙庵早已空了！"就是这样的走投无路。

五四运动后，提倡妇女解放以来，"又新有了各样的职业，除女工，为的是她们工钱低，又听话，因此为厂主所乐用的不算外，别的就大抵只因为是女子，所以一面虽然被称为'花瓶'，一面也常有'一切招待，全用女子'的光荣的广告"。果然，小鸟逃离了牢笼，外面又是鹰又是猫，或者别的什么。

但萧红仍然想读书。正是为了升学，她才屡次与家里闹出矛盾的。"为欲求新生，辛苦此奔走"，这次与家中彻底决裂，萧红几乎陷入了绝境。

这让我想起莱昂纳多与凯特·温丝莱特主演的电影《革命之路》，又译"真爱旅程"、"浮生路"，但我觉得"革命之路"最好。首先，电影中主人公夫妇住的那条街就叫"革命路"，这定是故意的；其次，让《泰坦尼克号》曾经的男女主角合演这样的一部电影，也定是故意的。在《泰坦尼克号》那种英雄救美的船难场景中，也就适合男主死掉，女主怀着永久的眷恋；然而，换到现实的家庭生活中，往往是女性更容易对现状感到不满。《革命之路》中的女主爱波最后不惜用皮管给自己堕胎，也要坚持全家搬去巴黎的梦想。无怪乎鲁迅曾说："所谓革命，那不安于现在，不满意于现状的都是。"这个朴素的定义，可谓更加触及"革命"的本质，也正符合这部电影的宗旨。

萧红走的未尝不是这样一条"革命之路"，然而，有些后果是她无法预料的。正如爱波一定没有料到，她会因堕胎出血过多而死亡（显然她不是为了自杀）。萧红也一定没有料到，她会因为和汪恩甲在一起，使得自己陷入更深的困境。

自1931年10月3日夜，从充满"冰冷和憎恶"的大家庭中逃出来以后，她的生活就困苦不堪。有时，"整天没有吃东西，昏沉沉和软弱"，"知觉似乎一半存在着，一半失掉了"。饥寒交迫，加上家中长辈有意无意的疏远，她几乎走投无路。于是，她与汪恩甲在一起了。具体是怎样在一起的，已不得而知。

据萧红的初中同学回忆，汪恩甲曾去过她们学校，萧红还给他织过毛衣，也就是说，他俩有过一段时间的正常交往。只是，萧红发现他吸大烟，才开始讨厌他。后来，萧红跟陆哲舜一起去北京读书，闹得张家、汪家、陆家都知道了，并对萧红产生了不好的看法。过去的习俗认为，"一个女人的最高荣誉就是不被人谈论"。萧红当时的叛逆行为，自然遭到物议。张、汪两家都觉得很没面子。据说，汪恩甲的哥哥提出要解除婚约，萧红还到法庭告他代弟休妻。由于汪恩甲护着哥哥，谎称是他自己退婚，导致萧红败诉。这些事情都可能发生在萧红流浪哈尔滨之前。

事情太蹊跷了，就连弟弟张秀珂都感到疑惑："随着我们年龄的增长，所受的熏陶教育不同，思想上逐渐产生了距离。我对萧红有些事情就不能完全了解了……又如不愿意同家庭订的汪姓人结婚，那就'离婚'好了，何必要打官司告状呢？再如因家庭封建意识太深，在众口一词的逼迫下，令人无法出气，那就慢慢避开好了，何必在死冷寒天，孤身一人跑到哈尔滨去呢？最后当在哈尔滨困极，没东西吃没衣穿的时候，即使不愿向家庭索要，也可向留在哈（尔滨的）诸叔伯弟妹们要一点钱物，何必受那么大的罪呢？"

可以确定的是，1932年8月底，萧红产下了一名女婴。从时间推算，大约于1931年11月中旬后怀孕。正好是从家里逃出来后，并与汪恩甲交往的那段时间。

1931年12月初，萧红在哈尔滨东特女二中找到堂妹张秀珉，寄住在这儿的宿舍里。征得校方同意，萧红成了该校的高一旁听生。大概她与汪恩甲在一起后，仍不愿放弃读书，直到发现自己已怀孕，才不得不离开学校，去找汪恩甲。随后，二人一同住进哈尔滨道外区十六道街旁的东兴顺旅馆。

两个多月后，日军占领了哈尔滨。1932年3月1日，伪满洲国成立。这期间，萧红和汪恩甲一直住在旅馆。直到5月，汪恩甲独自一人离开旅馆，说是回家取钱，从此消失，留下一个无解的谜团。

"初来这里还是飞着雪的时候，现在是落雨的时候了。刚来

哈尔滨道外区东兴顺旅馆

这里肚子是平平的，现在却变得这样了。"他们欠下旅馆数百元的食宿费，旅馆的老板找人盯着萧红，防她逃跑，并威胁着说，如果汪恩甲再不带钱回来，就要把她卖到妓院去……

2 渺茫中

1932年，萧红写了一些小诗。其中有首《偶然想起》，便是此时生活的真实写照：

> 去年的五月，
> 正是我在北平吃青杏的时节，
> 今年的五月，
> 我生活的痛苦，
> 真是有如青杏般地滋味！

青杏，是尚未成熟的杏子，嚼着够脆，但味道酸涩，与早恋的性质相近。

不过，萧红的诗写得总是一般，她是那么不事雕琢。写诗对她来说，更多的是一种情感的倾吐，因而在短短的几行诗句中，难见出其才华。

譬如，还有一首《可纪念的枫叶》：

> 红红的枫叶，
> 是谁送给我的！
> 都叫我不留意丢掉了。
> 若知这般别离滋味，
> 恨不早早地把它写上几句别离的诗。

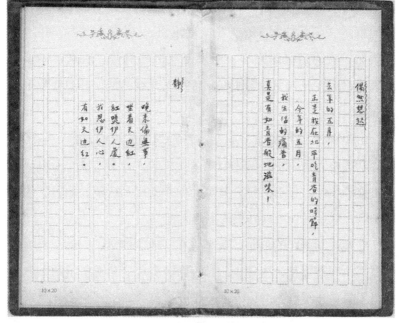

萧红的小诗

这些即兴的句子，意境近乎唐诗，但称不上是创作，也不知是写给谁的。记得《中秋节》中的"青野"倒是曾经"带着枫叶进城来"。除此之外，没有提到过别人送枫叶给她。据说，汪恩甲走了一个多月后，萧红曾给李洁吾寄去一封信。但一直没有回音。

催账的人最后一次说："太不成事了。七个月了，共欠了四百块钱。王先生（即汪恩甲）是不能回来的。男人不在，当然要向女人算账……现在一定不能再没有办法了。"

萧红告诉他："明天就有办法。"

为了让自己活下来，她可算用尽全部的力量。

大约在7月9日，萧红给哈尔滨《国际协报》写信，说明自己的情况，希望对方能施以援手。

《国际协报》是一家民办报纸，主编裴馨园在副刊上设了一个"老裴语"专栏，每天三五百字，针砭时弊，热心直肠，颇受读者欢迎。1931年"九·一八"事变后，萧军到哈尔滨，投靠的就是《国际协报》。当时，他投了一篇稿子过去，并附了一封信，说明自己的困境，希望能获得些稿费。后来，稿子登出来了，老裴派人另外送了一封信和五元钱给他，并邀他到报社见面。

萧军很快和老裴成了朋友，并搬到他的家中，食宿全在裴家。老裴很看重萧军，认为他是个质朴的人，有才华，不但请他帮忙整理稿件，校对清样，甚至让他帮助副刊选稿、编辑、代跑印刷厂，联系一切难以办理的事务。

老裴收到萧红的信时，萧军也在。他俩商量了一下，萧军看到那封信写得凄楚，决定去旅馆探个究竟。老裴准备了两本书，并写了封"介绍信"，让萧军一并带着。

在一个快近黄昏的时候，萧军找到了那家旅馆，并以报社的名义与旅馆交涉。旅馆人员不得不带他进去，在一个长长的甬道的尽头停了下来，说："她就住在这间屋子里，你自己去敲门吧。"

敲开门后，萧军看到的是"一个女人似的轮廓出现在我的眼前，半长的头发敞散地披挂在肩头前后，一张近于圆形的苍白的脸幅嵌在头发的中间，有一双特大的闪亮眼睛直直地盯视着我"。而房间冲出了一股呛鼻的霉气，显然，这间屋子原来并不住人，是用来作储藏室的。

萧军走进房间，寻了把靠窗的椅子坐下，把带去的书放在椅旁的桌上，并把裴馨园的介绍信交给了萧红。当她看信的时候，萧军沉默地观察着一切。他发现萧红双眼定定地看着信，擎着信的手指纤长，像蜡一般。而"她整身只穿了一件原来是蓝色如今显得褪了色的单长衫，'开气'有一边已裂开到膝盖以上了，小腿和脚是光赤着的，拖了一双变了形的女鞋"。

这与萧军第一次出现在裴馨园家，倒是可以作个有趣的对照。据裴馨园的妻子黄淑英回忆："初见到三郎的那时期，我们家人对他的印象并不太好。首先从他的穿着来看：记得他当时穿着一件蓝色不蓝，灰色不灰，被阳光晒褪了色的粗布学生装，领口、袖口、肩、肘等处凡是容易磨损的地方，都露出了断布丝的毛茬儿；下身穿的是一条西式灰色裤子，不但没有笔直的裤线，而且还补着补丁；脚上穿着一双开了绽的沾满了泥迹的旧皮鞋。"

同样是从上往下看，从衣服、下装到鞋子，二萧当时的穿着，竟有异曲同工之处。不同的是，萧红当时是"散发中间已经有了明显的白发，在灯光下闪闪发亮，再就是她那怀有身孕的体形，看来不久就可能到临产期了"。而萧军是"一头不加修饰的自由生长着的直直竖立着的寸发，很黑也很浓……体格虽然比较瘦但样子还精神，结实"。而这不同之处，正是让萧军感到惊讶的地方。

少年白头，往往与两种情形相关，一是缺乏营养；二是过度焦虑、悲伤，如伍子胥过昭关一夜白头。

萧红读完信后，便拿出报纸，指给萧军看。萧军多年之后回忆的反应如下：

> 我看了一下那报纸，上面正是连载我的一篇题名为《孤雏》的短篇小说中的一段。原来在老斐（即老裴）信中他提过我的名字。
>
> 站起身来，我指一指桌子上那几本书说：
>
> "这是老斐先生托我给您带来的，我要走了。"我是准备要走了。
>
> "我们谈一谈，……好吗？"

迟疑了一下，我终于又坐了下来，点了点头说：

"好。请您谈吧！"

这段文字至少可引出以下几个问题：

其一，萧红说读过他的作品，他可能没有接话，很生硬地站起来，表示要走了，仿佛来这里只是为了完成老裴交代的任务；

其二，他省略了与萧红之间的部分对话；

其三，或许，他认为自己没有能力帮助萧红，所以也不愿多说什么；

其四，他急着要走，可能还有其他的原因。

事情仿佛变成了这个样子——萧红希望和他谈谈，然后，他迟疑了一下，方才留下。他开始听萧红讲述她过去的经历和目前的处境。然而，他的注意力却在别处。他说自己无意间发现了床上的几张信纸，随手拿起来一看，上面有一些图案和文字。当他得知这些都是萧红所作时，他的态度似乎立马发生了转变：

> 这时候，我似乎感到世界在变了，季节在变了，人在变了，当时我认为我的思想和感情也在变了……出现在我面前的是我认识过的女性中最美丽的人！也可能是世界上最美丽的人！她初步给与我那一切形象和印象全不见了，全消泯了……在我面前的只剩下一颗晶明的、美丽的、可爱的、闪光的灵魂！……
>
> 我马上暗暗决定和向自己宣了誓：
>
> 我必须不惜一切牺牲和代价——拯救她！拯救这颗美丽的灵魂！这是我的义务……

不过，这个转变实在有些突然。难道这样几首小诗，竟比萧红之前述说的经历更能打动他吗？何况，萧军多做旧体诗，他曾说："老实说，那时我正迷恋于古诗和古文，对于新体诗和语体文既不感兴趣，也有些轻视的情绪，觉得它们不够'味儿'，也看不出知识、学问来……"萧军说的"那时"，是1927年秋。时隔五年，不知是什么竟让他对新体诗如此改观了。

这些疑问或许在萧军的短篇小说《烛心》中能够找到答案。这篇小说写于1932年12月25日，采用的是小说套小说的结构，里面提到另一篇小说《狂恋》，作为二萧相遇时的"纪念"，几乎被认作"实录文字"，因多处可得到印证。

写《烛心》时，二萧已经同居。当时，萧军正苦于写不出文章，脑壳里想着的是"文章……稿费……文章……稿费"。萧红那时身体很坏，快病倒了，所以早早就睡下。萧军看着她睡，"蓦的又是一股莫名的洪流，簸荡起他的心舟"，他"加倍地不安定起来"，"轻轻地唤着她。此时他的心理竟陷在一种极度狂乱和矛盾的状态里。一面他怕她听不到他的声音；一面他又怕她真的听到他的声音而醒转来"，"他为的要暂时压抑下这狂乱的情绪，便顺手由那一丛乱杂耸立的册子中间，盲目地抽出一本来"。

这"极度狂乱和矛盾"是什么呢？

也许，在萧军身上，一直存在着两种冲动的交织：一种是性的冲动，一种是正义冲动。

3　狂恋

第二天傍晚，萧军又去看望萧红。这次是他主动造访。

萧军的回忆录里，并没有详细说明他是怎样"不惜一切牺牲和代价"拯救萧红的。他强调与萧红是"偶然姻缘"，然后从他与萧红的相遇，直接跳到了他们一起离开哈尔滨。这中间与萧红相处的重要过程，只用了一句话带过："我们遇合了，我们结合了……就共同从事文学生涯。"（此处省略……字的笔法，萧军先生老早就使用过了。）

二萧一同在哈尔滨待了两年多，从1932年7月算起，到他们一同去青岛。萧红关于这段经历的作品有组诗《春曲》、纪实散文《弃儿》、系列散文《商市街》等。但是，在离开旅馆之前，她与萧军之间到底发生了什么？二萧之间的感情火花是如何点燃的？这些她都没有明说。

不过，我们可以通过萧军的《烛心》来填补这段空白。《烛心》里关于《狂恋》的部分，较为真实地记录下二萧的恋爱经过。

> "昨夜，啊！好个昨夜！我生命册子上值得纪念的一个昨夜！！那凄惘，那豪畅，辛苦，酸甜……具备的昨夜哟！爱的！我们不该纪念这个值得纪念的昨夜吗？一个一九三二，七，一三的昨夜……"

萧军所说的这个"一九三二，七，一三的昨夜"，正是他们第一次相见的那个夜晚。"当他写到一九三二，七，一二，的字画时，手是不禁地颤了几颤。但他却是坚强地一字不易底照录下去。"萧军如是说道：

畸娜：

> 难道昨夜是梦中来？不，这不是梦，这分明是现实；因为你手写的诗，现在依然是横陈在我的眼底。
>
> 假设是真有一个上帝存在的话：它是垂怜呢？还是惩罚？使我们这对疯狂的人——我们自己是不承认这些——遇着在这漠漠的荒原上。好，遇着便任他遇着！凭他有意或无

意；惩罚或垂怜；凭他是怎样……总之我们算遇到了，遇到了……

《狂恋》中的情绪都比较激动。从文中可知，他们那晚聊了很久。所以，萧军写道："畸娜，我们的话，昨夜似乎说得太多了。我几次立起身来，要走，而终未走成；但我几次要将你来拥抱，却也未拥抱得成。"对比他在回忆录中所写的部分，不难发现，萧军省略的是什么。

第二天，萧军很晚才离开旅馆，街上除了值夜的警察，几乎看不到行人，他回到朋友的住处，发现门已铁铸般地锁上了，拍门也无人回应。于是，他决心走回旅馆找萧红。这个举动引起了警察的盘问。他当时的心情是"那夜——一个值得纪念的夜——就是死却也值得"。后来发生了什么事，从下面的文字中，或可略知一二：

> 你会说，我们的爱进展得太迅速了！太迅速时，怕要有不幸的事情发生来横障我们吧？畸娜！不错！我们是太迅速了，由相识至相爱仅是两个夜间的过程罢了。竟电击风驰般，将他们经年累月，认为才能倾吐的，尝到的……那样划着进度的分划——某时期怎样攻，某时期怎样守，某时该吻，某时期该拥抱，某时期该……怎样——天啦！他们吃饱了肚子，是太会分配他们那仅有的爱情了，我们不过是两夜十二个钟间，什么全有了。在他们那认为是爱之历程上不可缺的隆典——我们全有了。轻快而又敏捷，加倍地做过了，并且他们所不能做，不敢做，所不想做的，也全被我们做了……做了……
>
> ……
>
> 及至我们醒觉，我们的前额，我们的胸窝，全在横溢着

汗浆。那如峭石的白壁墙，窗口条条的铁栏栅……现实地，无疑我们仍是在地狱的人间一个角落拥抱着啊！你用那瘦削的手，在无力地格开我们的胸，你说：

"星！我们错了！"

"错吗？我们是不会作错的。"

我的臂随着我的声音更是加力地扣紧了你。你的眼睑那时是紧合着。畸娜，凭你怎样地合拢，但那源源的泪水，早是不能掩饰地沿流出来。

萧军先生果然敢"做"敢为。正如他自己所说："某时期怎样攻，某时期怎样守"，他是懂得一些的。那时，他早已是两个孩子的父亲。

关于这一夜，萧军最初的态度是："畸娜！这是我们仅有的胜利，我们要纪念着啊！"

然而，五个多月后，当萧红不忍看他熬夜写稿，劝他把这篇"值得纪念"的文字投出去时，他说道："那篇稿子在我觉得是不应该再发出了。因为这已是过去的了嗳！过去让它们过去吧！何必再剔拨我们那过去的疮疤？"

如此矛盾的态度，委实令人不解。

傻傻的萧红，当时只觉得眼前的这个男人，是真心爱她的。

处于她当时的境地，很容易被旁人的细微关爱所感动，以致产生远胜平日的亲近。萧红已六七个月没离开过旅馆，能见到的，只有日日催逼债务的店主和些与她漠不相干的房客。这样的处境，《庄子》也曾讲过。那是一个越国流亡者的故事：他离乡几天，遇见熟悉的朋友就会喜悦；离乡十天半月，遇见认识的同乡就会喜悦；等到离乡一年，遇见像人的猿猴就会喜悦。待到逃入荒漠，踽踽独行在空旷的原野时，一听见有行人的登登足音就会喜悦，又何况是有人能咳唾言笑于身边呢？

对于当时的萧红来说，萧军的出现，也不啻为空谷足音。

她爱上了这最落魄时节出现的唯一驻足者，同时内心陷入了矛盾之中。

"星，你不要错会了我的意思。我是说我自己错了。不该爱了我所爱的人！"

"你说这话是什么意思呢？"

……

"才两日，你便忘掉我说过的话吗？"

"我忘掉你什么话来？"

"我是说过，我不敢爱一个我所爱的诗人啊！——我怕蹂躏了他。"

"谁是诗人？你在咒骂谁是诗人？"

……

萧红想要退缩的时候，萧军是很坚决地打消了她的疑虑。这一段，与萧红的《春曲·二》可以相互印证：

> 我爱诗人又怕害了诗人，
>
> 因为诗人的心，
>
> 是那么美丽，
>
> 水一般地，
>
> 花一般地，
>
> 我只是舍不得摧残它，
>
> 但又怕别人摧残。
>
> 那么我何妨爱他。

如果大家看过托马斯·哈代的《苔丝》，应该能想起来，

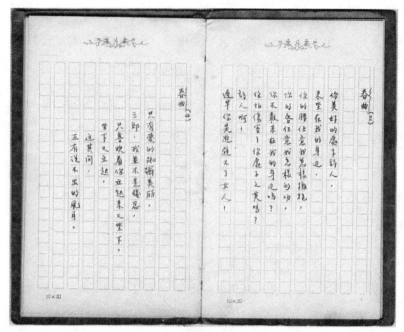

《春曲》节选

当苔丝遭到克莱尔一再的"进攻"以后，她的克制已经到了不能承受的地步。尽管好几个月以来，由于被奸污的事，她独自进行着思想斗争，甚至做好了将来过严格的独身生活的打算。但是，对克莱尔的爱，使她陷入可怖的狂喜之中，她无法再克制了。当她听到另一位姑娘在睡梦中唤着克莱尔的名字时，她不无妒意地想道："除了我，不能让任何人得到他！可是，那件对不起他的事，若是让他知道了，也许会要他的命哪！啊，我的心哪——唉——唉！"

女性的心理，大抵是如此的。

萧红最终说服了自己。她不吝表现出爱的热烈："你美好的处子诗人，/来坐在我的身边，/你的腰任意我怎样拥抱，/你的唇任意我怎样的吻……"

萧军当然并不是什么"处子诗人"。他虽然也是一位浪人，但却是更加自由的。他在回忆录里写下："到了哈尔滨以后，我把妻子打发回故乡去了（随后我给她写了一封信，说明我此后不知要到何方去，也不知道何年何月才能回来，请她不必再等待我了，另行改嫁吧）……"

显然，他是把妻子、孩子给抛弃了。萧军曾在《论"终身大事"》一文中说：

> 我是文艺作家，关于女权的书也读过一些：尊重女权，尊重婴儿，双方守贞操……我知道得很清楚，嘴巴如此讲，笔下也如此写，而事实呢，我结过不止一次婚，离过也不止一次，甚至于打过老婆，也打过孩子，背着老婆"偷面包卷"（注：见《安娜·卡列尼娜》中司梯瓦和列文的对话）的事也曾有过，但是我肯定这些行为么？那当然不的，我要否定它，而且绝不宽容。这不是在这里现身说法，或者作"忏悔录"，只是举个例子而已。举别人那容易引起纠纷，所以抬出了自己。写到这里我想起了《新约》里（《约翰福音》第八章）那段惩治淫妇故事：
>
> "你们中间谁是没有罪的，谁就可以先拿石头打她。"耶稣向众人说。

这意思自然是：他绝不宽恕自己，但是，谁也别想指责他。萧军经常有这种可笑、可鄙的矛盾心理。他擅用"真"去掩盖这些丑陋，仿佛女人的"一白遮百丑"。曾有人一针见血地指出，萧军"的'真'实际上是极端个人主义的'欲'，当'欲'不能满足时，他的'真'便应声而出地从事'战斗'了。……有封建的气味，有流氓的气味，有铁血的气味，是极端的复杂的。……一切在他嘴里所谓的'真'，实际正是我们所谓的'伪'"。

萧红在这段恋爱中，最初是抱着幻想，并且一直处于弱势的地位。她不是那种有自信能带给对方幸福的女子。她怕自己的不幸同时会传染给对方。所以，她认为自己这样热烈地爱着，不啻是一种自私、残忍。然而，爱是如此踯躅美丽。她就是喜欢看着三郎"立起来又坐下，坐下又立起，这其间，正有说不出的风月"（《春曲·四》）。

她把这次认作"初恋"，哪怕当时怀着汪恩甲的孩子。诚然，她曾说过，在汪恩甲的身上，她发现不了任何诗意。当面对萧军的时候，她的心开始狂乱了。

他们互相倾吐爱意，萧红此时所望的是"尽性的爱"。虽然在萧军的《烛心》中，这种爱被描绘得很是夸张，说是"爱到极时，我是要一口口咬掉我所爱的肉……"然而这热烈的言语是对至性至情的向往——"要么全有，要么全无"。这在易卜生戏剧《布朗德》的主人公身上亦有所体现。抱持着这样的信念，往往会让人在生活中难以与周遭妥协。

这是他们的"狂恋"，难免有失理智。

萧红朦胧地意识到："他们两颗相爱的心也像有水在追赶着似的。一天比一天接近感到拥挤了。两颗心膨胀着，也正和松花江一样，想寻个决堤的处口冲出去。这不是想，只是需要。"

"想"，毕竟还是头脑的判断；"需要"，则是生命求存的本能。洪水的来临，仿佛世界末日，给二萧的感情注入了一抹传奇的色彩。此"传奇"并非"只是因为在人群中多看了你一眼，再也没能忘掉你容颜"的罗曼蒂克，而是在无可抗拒的自然灾难下，萧红感到自身的渺小无力，从而产生脱离水火的迫切需求。

"狂恋"之后，萧军也未尝没有退意。《烛心》中有他的自白：

"……我们就是这样结束了吧！结束了吧！这也是我意

想中的事，畸娜你不要以为是例外……"

"……你爱我的诗，也只请你爱我的诗吧！我爱你的诗，也只爱你的诗吧！除开诗以外，再不要及到别的了……不要及到别的了！总之在诗之领域里，我们是曾相爱过来……"

果然是"烛心"，想起杜甫的《佳人》："世情恶衰歇，万事随转烛。夫婿轻薄儿，新人美如玉。合昏尚知时，鸳鸯不独宿。但见新人笑，那闻旧人哭。"

4 幻觉

这段感情从一开始便埋下隐患，后来竟被传为佳话。萧军甚至拿它去感动其他的女人。1940年9月1日，萧军在日记中写道："夜间在T（丁玲）处坐了一刻，我向她说了些我和萧红底过去，她似乎很感动！我告诉她关于红的事，我从未详细同谁说过的，她（萧红）也不要（我）向谁说。T说第一次见到我，先感到我是一个真正的'人'……"

的确，萧军容易给人这样的第一印象，之前裴馨园也是这么看他。偏偏萧红又不大写日记，她的精神的更广大领域，被她自己的节制，以及孩子似的随意、散漫给吞没了，以致关于她的身世，充斥着太多的"罗生门"。

《罗生门》导演黑泽明曾说："人对于自己的事不会实话实说，谈他自己的事的时候，不可能不加虚饰。这个剧本描写的就是不加虚饰就活不下去的人的本性。甚至可以这样说：人就算死了也不会放弃虚饰，可见人的罪孽如何之深。这是一幅描绘人与生俱来的罪孽和人难以更改的本性、展示人的利己心的奇妙画卷。"

萧红本是不虚饰的，这也正是她的可敬可爱之处。要么沉默，要么就说真话。可是，就因为她在许多事情上保持了沉默，才使得别人有更多"虚饰"的空间。

弗吉尼亚·伍尔夫写了许多日记，人们因此方得以触及她充满智性和冒险的心灵。萧红绝非没有智性，看她与聂绀弩的谈话，时常能见到吉光片羽。比如，关于天才，她说："你说我是才女，也有人说我是天才的，似乎要我自己也相信我是天才之类。而所谓天才，跟外国人所说的不一样。外国人所说的天才是就成就说的，成就达到极点，谓之天才……中国的所谓天才，是说天生有些聪明，才气。俗话谓之天分、天资、天禀，不问将来成就如何……"可惜，这样的文字保留下来的实在太少。

但可以确定，创作初期，萧红把自己的一些真实感受，直接写入了她的诗歌。

1932年7月30日，离那个"值得纪念的昨夜"，才过了半个月，萧红写下了一首《幻觉》，首刊于1934年5月27日《国际协报》副刊，署名悄吟。这首诗的创作时间紧接在《春曲》组诗之后。

> 昨夜梦里：
> 听说你对那个名字叫Marlie的女子，
> 也正有意
>
> 是在一个妩媚的郊野里，
> 你一个人坐在草地上写诗，
> 猛一抬头，你看到了丛林那边，
> 女人的影子。

我不相信你是有意看她，

因为你的心，不是已经给了我吗？

疏薄的林丛，

透过来疏薄的歌声；

——弯弯的眉儿似柳叶；

红红的口唇似樱桃……

春哥儿呀！

你怕不喜欢在我的怀中睡着？

这时你站起来了！仔细听听。

把你的诗册丢在地上。

我的名字常常是写在你的诗册里。

我在你诗册里翻转；

诗册在草地上翻转；

但你的心！

却在那个女子的柳眉樱唇间翻转。

你站起来又坐定，那边的歌声又来了……！

——我的春哥儿呀！

我这里有一个酥胸，还有那……

……青春……

你再也耐不住这歌声了！

三步两步穿过林丛——

你穿过林丛，那个女子已不见影了……！

你又转身回来，拾起你的诗册，

你发出漠然的叹息！

听说这位Marlie姑娘生得很美，

又能歌舞——

能歌舞的女子谁能说不爱呢？

你心的深处那样被她打动！

我在林丛深处，

听你也唱着这样的歌曲：

我的女郎！来，来到我身边坐地；

我有更美丽，更好听的曲子唱给你⋯⋯

树条摇摇；

我心跳跳；

树条儿是因风而摇的，

我的心儿你却为着什么而狂跳。

我怕她坐在你身边吗？不，

我怕你唱给她什么歌曲么？也不。

只怕你曾经讲给我听的词句，

再讲给她听，

她是听不懂的。

你的歌声还不休止！

我的眼泪流到嘴了！

又听你慢慢的说一声：

将来一定与她有相识的机会。

我是坐在一块大石头上的，

我的人儿怎不变作石头般的。

我不哭了！我替我的爱人幸福！

（天啦！你的爱人儿幸福过？言之酸心！）

因为你一定是绝顶聪明，谁都爱你；

那么请把你诗册我的名字涂抹，

倒不是我心嫉妒——

只怕那个女子晓得了要难过的

我感谢你，

要能把你的诗册烧掉更好，

因为那上面写过你爱我的词句，

教我们那一点爱，

与时间空间共存吧！！！

同时我更希望你更买个新诗册子，

我替你把Marlie的名字装进去，

证明你的心是给她的。

但你莫要忘记：

你可再别教她的心，在你诗册里翻转哪！

那样会伤了她的心的！

因为她还是一个少女！

我正希望这个，

把你的孤寂埋在她的青春里。

我的青春！今后情愿老死！

　　这首诗中的Marlie并非虚构，玛丽确有其人。

　　1930年秋，塞克自编自导自演的话剧《北归》在哈尔滨演出。剧中有首《北归歌》，就是由李玛丽演唱，曾经广为流行。据二萧的好友舒群说："老塞克当年对女友李玛丽爱得死去活来，爱得神魂颠倒啊。……是的。她是那么神圣，使你不可能产生什么邪念。她非常漂亮，一位戏剧家爱她爱得不得了，可他不敢向她表示。后来大家都去了上海。到上海后，这位艺术家爱得在草地上直打滚啊，可是就是不敢找她表示。她与艺术家的友情处在恰当的位置就终止了。后来也不知玛丽上哪去了。"

有一次，舒群和萧军聊到李玛丽，萧军也说："李玛丽小姐的美，是脱俗的，是圣洁的，她的美可以使人为之倾倒，但任何人在她面前，都不敢产生半点占有她的念头。"由此看来，萧红在诗中对Marlie的描述是与实际相符的："弯弯的眉儿似柳叶，红红的口唇似樱桃"，"听说这位Marlie姑娘生得很美，又能歌舞——能歌舞的女子谁能说不爱呢？你心的深处那样被她打动！"

《幻觉》中的称呼"春哥儿"，最可能是萧军的代称。二萧相遇时，感到"春天到了"的不止萧红，萧军在《烛心》中也表达过这个意思，《烛心》的男主人公便叫"春星"。

面对萧军对李玛丽的"有意"，萧红在这首诗中透露着她曲折的心情。

先是疑惑：我不相信你是有意看她，/因为你的心，不是已经给了我吗？

后是痛苦：你的歌声还不休止！/我的眼泪流到嘴了！

再是心如槁木：我是坐在一块大石头上的，/我的人儿怎不变作石头般的。

转而祝福爱人：我不哭了！我替我的爱人幸福！/（天啦！你的爱人儿幸福过？言之酸心！）/因为你一定是绝顶聪明，谁都爱你；/那么请把你诗册我的名字涂抹，/倒不是我心嫉妒——/只怕那个女子晓得了要难过的……

最后表明自己的态度，决心埋葬自己的爱情，并以"万艳同悲"的心理，以旧人的身份，希望对方不要再让新人难过。

因为那时她还有"……青春……"。

5　红电灯和大象

"狂恋"之后，萧军如何"不惜一切牺牲和代价——拯救她"呢？不如看他自己怎么说。

> 昨天的晚食，我问你是否吃过？你踌躇了半刻，才说给我，你是仅吃了一些大葱，一杯冷茶，你吻我的时候，问我是否嗅到葱的气息，我才问到你是否吃过晚食，不是么？畸娜，我怎会问得你那般迟，你总会知道；那时我真的连使你吃饱了一顿饭的力量全没有啊！我待要典却我身上所有的衣服？恐怕那万恶的典当家，连睐也不屑睐的就要掷还给我吧？！我真的待要强抢些什么给你吃！你说：
>
> "孩子！不要尽疯了。常饿一饿，这是我所喜欢的——来给我笑一笑，我便比吃什么全饱了。"
>
> 畸娜，笑也是可以饱人的吗？是的，我曾有过这样的体验……

这就是萧军的态度。也可见出萧红因心里爱着对方而处处迁就的软弱。她当时还能要求更多吗？也许她心底早就充满了感激。二萧的相遇，不乏末日色彩。罪恶、洪水、方舟……也正是这色彩加重了萧红的感情力度。萧红对此心存感激、恋慕、幻想，实是情理之中。

可巧的是，鲁迅先生曾对他人说过："我敢赠送你一句真实的话，你的善于感激，是于自己有害的，使自己不能高飞远走。"这确是一句真言。善于感激，便难免自我牺牲。

而萧军所说的"笑可疗饿"的体验，原来不过是，楼下的姑娘抛给他一个笑，他就把什么都忘了，无论干起什么事来，都要加倍地起些劲儿。

一位传记作家说过："小说当然要夸张和选择，因此要从作品反过去读出生活是一件很棘手的任务，不过伍尔芙的某些小说倘若跟日记和回忆录放在一起看，倒确实记录下了她的生命发生转折的明确时刻。"二萧的作品，何尝不是如此？通过它们，我们也可反过去读出他们的生活。

萧红在作品中写了几处萧军的矛盾心理。比如，在《弃儿》中我们可以看到：

> 他恨自己了，昨天到芹那去，为什么把裤带子丢了。就是游泳着去，也不必把裤带子解下抛在路旁，为什么那样兴奋呢？蓓力心如此想，手就在腰间摸着新买的这条皮带。他把皮带抽下来，鞭打着自己。为什么要用去五角钱呢！只要有五角钱，用手提着裤子，不也是可以把自己的爱人伴出来吗？整夜他都是在这块石片的床板上煎熬着。

萧军最终没有把萧红"伴出来"。她是一个人逃了出来。

1932年7月，天上的窗户敞开了。二十七昼夜连降大雨在地上，松花江水往上涨，凡有血肉、有气息的活物都逃难去了。松花江决堤，道外区被淹。市内银行停业，商店关门，电话断绝。至8月12日，形成洪峰，最高水位达119.72米。水灾造成23.8万人受灾（当时哈尔滨市人口为38万），两万多人丧生，或死于灾后的瘟疫。

这是萧红最困顿的时候，"每日她烦得像数着发丝一般的心"，感到一切都很生疏，唯有自己的肚子"不辽远"。但这个日渐隆起的肚子该怎么办呢？

洪水滔天，旅馆的主人和客人们都走了，江堤都沉到水底去了，沿路的房子也将睡在水底，人们在房顶上蹲着。她一个人带着自己突出来的肚子，从旅馆逃了出来，漫漶江水，能去哪里呢?

　　她记着萧军先前留下的地址,找到了裴馨园家。裴家的主妇说:"蓓力(即萧军)去伴你来,不看见吗?那一定是走了岔路。"萧红立马"愤恨自己为什么不迟来些,那就免得蓓力到那里连个影儿都不见,空虚地转了来"。萧红当时想着的,仍然是对方的感受。她经历了太多的痛苦,对自己的感受,反而有些"麻木"。

萧红逃离旅馆以后

萧军搀着虚弱的萧红在逛公园

不管怎样，萧红总算是离自由更近了一步。她不用再担心被卖掉。然而，在当时那样的条件下，她与萧军也只能寄住在裴馨园家。

裴馨园有一个"旧式老婆"，名黄淑英。第一天到裴家时，萧红留给黄淑英的印象是"脸色苍白，神情也显得有些紧张，光着脚穿着一双半旧的鞋。也许是彼此生疏的缘故吧，她不太爱说话"。当时，萧红怀着八个多月的身孕，又是从洪水中逃出来，精神与体力的不支，应是常人都可以理解的。裴馨园一开始叮嘱家人，不要打搅萧红，让她安心休息。不过，时间长了，黄淑英渐渐对萧红有些看不惯。除了裴馨园，其他人开始叽叽咕咕，说她孤傲、不通人情世故。因为萧红总是一个人待在房间里，也不太愿意主动与人说话。

为此，萧军和黄淑英之间有了隔阂。平时，萧军就带着萧红往外面跑，也不怎么待在房间里。他们"冲穿蚊虫的阵，冲穿大树的林"，逛着马路、公园。萧红感到他俩"就像两条刚被主人收留下的野狗一样，只是吃饭和睡觉才回到主人家里，其余尽是在街头跑着蹲着"。凉水般的风浇在他们身上，萧红不住地发抖，而萧军也只能看着，因为他自己也没有一件多余的衣服。

寄人篱下的滋味，实在是太难受了。

萧红的肚子越来越大。"由一个小盆变成一个大盆，由一个不活动的物件，变成一个活动的物件。她在床上睡不着，蚊虫在她的腿上走着玩，肚子里的物件在肚皮里走着玩，她简直变成个大马戏场了，什么全在这个场面上耍起来。"

唯一感到欣慰的是，萧军会皱着眉头，用手抚摸着她满腿被蚊虫叮咬的包，时不时还对她笑一笑。她曾说，笑一笑，比什么都好。有时，她会趁萧军睡着的时候，用力去捏他的脚趾。因为萧军的脚总是跷在藤椅的扶手上。萧红觉得这样捏着很方便，也很好玩，有一种恶作剧的心理，或许还有一些厮磨的欲望。

可黄淑英看到这样，有些耐不住了。她当时也还年轻，比裴馨园小十四岁。二萧住进来的时候，她大约二十二三岁。她是个家庭妇女，没念过几年书，也很少出门，对外界的事情知道得很少，连自己家住在哪条街道都搞不清楚，她更难以理解这种以手握脚的"礼仪"。所以，当有人在街上看见二萧一起散步，并在她耳边嚼舌时，她终于忍不住对萧红说："你们不要在街上走去，在家里可以随便，街上的人太多，很不好看呢！人家讲究着很不好听！你们不知道吗？在这街上我们认识许多朋友，谁都知道你们是住在我家的，假设你们若是不住在我家，好看与不好看，我都不管的。"

萧红忍受着极大的屈辱，心想：衣衫褴褛的两个人儿，走在大街上的资格也没有了。

一开始，公园差不多被洪水淹没了，他们无处可去，只有在街上走。夜里，他们喜欢遥遥地看着公园里树梢上的红电灯。萧红觉得"红灯在密结的树梢上面，树梢沉沉的，好像在静止的海上面发现了萤火虫似的"。他们每夜都要向着这萤火虫"叫跳一回"，笑着，跳着，拍着手，然而，黄淑英的那番话，令萧红再也高兴不起来。她现在不拍手了，只是按着肚子，萧军把她扶回去。上楼梯的时候，她的眼泪被抛落在黑暗里。困在旅馆时的心情又复发了，她的心头蒙上了一层浓重的阴霾，红电灯也难以照亮。

后来不知何故，裴馨园搬走了，房子留给了他岳母住。萧红也快到临产期了，肚子疼得厉害，只能在炕上躺着，萧军便蹲在炕边守着她。萧红当时感到，只有萧军才真的了解她，关心她，因为他们同样幼年丧母，同样漂泊无家，又同样受着饥寒。萧红当时想着的都是这些"同样"，她感到心中的皱褶被抚平了一些，然而，肚子仍是痛，像是肠子要被抽断了一样。

萧军赶紧送她到医院，医生说还得一个月才到日子，于是又原路返回。萧红的肚痛像是减轻了一些，她看到路边马戏场里的大象，像小孩子似的开心地说："你看大象笨得真巧。"萧军一天都没吃饭，看到她那个样子，心里又是气又是笑。

毕竟是受着"初恋之心"的鼓舞，萧红即使在这样艰难的处境之下，仍不失孩子气。看到红电灯和大象，以及萧军的笑容，感受到萧军为她担着心，这一切都是如此美好。萧军的爱火，无论结局如何，在他与萧红共同的"跋涉"中，的确一次又一次地温暖了她。萧红也飞蛾扑火般，成了鲁迅笔下那些"苍翠精致的英雄们"中的一员——它们在玻璃的灯罩上撞得丁丁的响，一不小心撞进去了，于是遇到了真的火。

能懂得的人，或许也会像鲁迅先生一样，对着灯默默地敬奠这位可爱、可怜，命若飞蛾般的女"英雄"。

6 吵嘴的根源

去医院的时候，医生就告诉他们，还有一个月才到日子，先预备下十五元的住院费吧。这对当时的他们来说，无异于天文数字。五角钱买了一条皮带都懊悔不已的萧军，如今上哪儿去筹集这笔钱呢？萧军的口袋里可经常是空空的。

产期提前了。医生预算的一个月，是错误的。萧红的肚子又痛了起来，脸色惨白，萧军不得不再次将她送进医院。没有住院费怎么办呢？那就强住进去。萧军就是有这样的能力。就连裴馨园，这样一位还算是成功人士的人，都能在萧军身上感到一股力量，甚至对他产生了一些依赖。裴的妻子黄淑英曾说："他（裴馨园）觉得从三郎身上可以得到一种鼓舞人的力量，办起事来就不发愁，信心足，有三郎在身边心里就踏实了许多，没有犯难的事……所以他几乎是时刻离不开三郎，总是叨念他，提起他，大事小事都要和他商量商量。"

萧军能给男人这种感觉，更何况是一个无助的女人。萧红需要他。对，这不是想，这是需要。她不是靠着"思"，而是靠着"信"才与萧军在一起的。或者，连"信"都谈不上。她就是需要他。绝不仅是物质上的依靠，因为萧军经常要靠"借"来维持生活。《商市街》里，一个字的标题有两篇：《饿》与《借》。这两个字，不折不扣就是他们在哈尔滨的生活记录。

在他人追忆萧红的文字中，也经常发生着"罗生门"事件。比如，关于舒群是否有汹水去探望萧红一事，就存在不同的看法。有说，在萧红逃出旅馆之前，舒群带着面包和香烟去探望她，并劝她一同离开，可是，萧红坚持让舒群先走，她想等萧军出现。后来，萧军否认了这件事情，并说那只是舒群的酒后醉话。

萧红住进医院不久，产下了一名女婴。而萧军对待孩子的态度如何，以及孩子的去向，却是扑朔迷离。

萧红在《弃儿》中，用六个片段描写了

一双刚强的影子

从分娩结束到离开医院的过程。在她的记忆中，由于身体过度疲乏，精神也随之疲乏，她变得对什么事情都不大关心。哪怕是萧军在她身边，也于事无补，萧红只跟他说几句无关紧要的话，等他一走，她就把眼睛合拢起来。当护士把孩子推到她的面前时，她感到的是："就像个意外的消息传了来。"

也许这些细节，往往比情节本身更能使人获悉事情的真相。

潘光旦在所译蔼理士《性心理学》一书的注中，对此类现象有过解释："以前的女子是生来就预备结婚的，所以当其月经已来之后，将近成婚之前，做母亲的对她多少总有一番教诲，让她知所准备，所谓'往至女家，必敬必戒……以顺为正，妾妇之道'的这一类训词里大抵包括着不少虽属常识而不便形诸笔墨的话。所以说，葫芦里的药多少可以猜透几分。如今呢，女子生来便不一定结婚，尽管大部分终于不免走上婚姻的路，但事前既未打主意，临事自全无准备，家庭无此告诫，学校无此课程；于是闷葫芦一旦打开，除仓皇失措而外，自更无第二个反应。"

相较之下，同一病室的其他产妇，她们是如此期待着"亲手造成的小动物与自己第一次见面"。而萧红却不敢去看，她的内心在呐喊："不要！不……不要，我不要呀！"仿佛"母子之情就像一条不能折断的钢丝被她折断了，她满身在抖颤"。

孩子生下来一直哭着，萧红终于忍耐不住，还是爬下床去，哄着："小宝宝，不要哭了，妈妈不是来抱你吗？冻得这样凉呵，我可怜的孩子！"然而，萧红马上转念一想，便"跳上床去，她扯着自己的头发，用拳头痛打自己的头盖"，责骂自己："真个自私的东西，成千成万的小孩在哭，怎么就听不见呢？成千成万的小孩饿死了，怎么看不见呢？比小孩更有用的大人也都饿死了，自己也快饿死了，这都看不见！真是个自私的东西！"

令人感到十分奇怪的是，这套观念是从哪里来的？难道她的脑子当时不清醒吗？自己的孩子，与"成千成万的小孩"之间，到底有着怎样的区别？

从大量材料中，我们知道，这里面恐怕存在着"一个人"还是"多数人"之间的矛盾。1936年11月6日，萧红写给萧军的信中说："我想我们吵嘴之类，也都是因为了那样的根源——就是一个人的打算，还是为多数人打算。从此我可就不愿再那样妨害你了。你有你的自由了。"萧红写这段话时，是因为看了萧军的《为了爱的缘故》，这是萧军的一篇记事散文，写的正是萧红住院的事情。在他的笔下，萧红是这样出场的："亲爱的，我不能再在这里忍受下去了！不独这床和枕头……连一头苍蝇全在虐待我……"临盆前的萧红，气力尽失，觉得苍蝇都变大了，不是一只，而是"一头"。

接着，她对萧军说："我会死了吧？我死了你就可以同他们走了。但是我现在不想死，亲爱的，我连要死的梦怎么也不做一个呢？……为什么我不想到死？……不要管我……亲爱的！我累赘了你！……"

萧军问她："为了什么要这样说？"

萧红答道："他们需要你！……"

这个"他们"指的是萧军旧日的友人，萧军在文章里称他们为"A"和"B"。萧军花了大量的笔墨写与这两位友人的谈话。A君是一个很漂亮的男人，萧军觉得他应该做一个第一流的电影演员，或是为女人们所喜爱的脂粉英雄。他说："也许为了他的漂亮激发了我，方才郁积在记忆里面的一些杂碎的东西——找钱，病，家，矛盾，憎恶……全遗漏得干干净净。"

方才他是从医院出来。医院的庶务又向他要钱了。萧红劝他离开自己。当时，萧军的确是产生了正义冲动，他说总会有办法的，大不了让医院把自己送进监牢去，"有两个月坐监……总可以抵补了……""——寻钱和坐牢，这是两条使她脱出医院的唯一的路。"

话虽这样说，但萧军感到："——接着又是钱，爱，家，××……开始封锁了我的心。"朋友A来告别时，萧军说："A，亲爱的伙伴！我的心是酸楚的！这是你不能够了解的酸楚！我也不希望你了解到这一些……没有牵挂的人永久是强健的，伟大的……"

说到"伟大"，萧军认为："一个人在人类社会里，取于人类和给与人类的大致相当，这是一个平常的人；所取于人类多于他所给与人类的，甚而对于人类进步给以积极的灾害，已经不是人，连兽都不如。至于那所取于人类的少于一个平常的人，而对于人类进步的贡献却超于千万人——这就是伟大的，值得我们尊敬的人。"萧军还说，一直以来，他都是用这个标准来衡量他所遇到的人。萧军的确对"伟大"有一种向往——为了"多数人"而活着，这种想法也时常感染到他人。

可以肯定地说，萧红早期受到萧军的影响。她从前总是"过于自责'为了恋爱，而忘掉了人民，女人的性格啊！自私啊！'"1937年5月9日致萧军的信中，她说："可是现在我不了，因为我看见男子为了并不值得爱的女子，不但忘了人民，而且忘了性命。何况我还没有忘了性命，就是忘了性命也是值得呀！在人生的路上，总算有一个时期在我的脚迹旁边，也踏着他的脚迹。（总算两个灵魂和两根琴弦似的互相调谐过。）（这一句似乎有点特别高攀，故涂去。）"她终于懂得，为了"一个人"而活着，也是有价值的。可惜，那是在多年以后。尽管如此，萧红对于萧军这段时间的陪伴，是充满感激的。虽然她后来也知道，与萧军之间，谈不上什么灵魂的调谐。

朋友B也来告别了。萧军准备向他吐苦水，说："B，如果你能忍耐，我今天也想把我要说的话说出来，因为它们在我的心里实在积存得要发了霉腐……"然而正当要说时，萧军感到："不知为什么，在要说到关于我和我的爱人的事迹，总要有一种酸楚的潮浪像排击岩石似的排击着我的心！……"

面对"拯救"萧红这件事情，人们往往不知道的是，其实萧军的内心挣扎得如此痛苦，他对B说："亲爱的B！一个人为了解除多数人的痛苦，创造多数人的幸福……比较起来只是为了一个人……这总是有价值的……伟大的……"他把自己比作陨落的星石，虽然也曾有过去的光辉，却不能以此来抵补现在的黯淡和无用。他觉得B是伟大的，而自己却为了萧红放弃了"他们"。

一天夜里，萧红做了一个梦，梦见萧军到床边抱起她就跑了，跳过围墙，住院费也没交，孩子也不要了。

住院期间，她反复地思索，几乎没有把孩子留下的可能，母子之情是注定永久相隔了。她决心把孩子送人，护士的话，犹在耳畔："小孩子整天整夜地哭，喂她牛奶她不吃，她妈妈的奶胀得痛都挤奶了。唉，不知为什么！听说孩子的爸爸还很有钱呢！这个女人真怪，连有钱的丈夫都不愿嫁。"

《弃儿》中描写了萧军得知此事之后的反应：

> 他只是安定地听着："这回我们没有挂碍了。丢掉一个小孩，是有多数小孩要获救的目的，现在当前的问题是住院费。"
>
> 蓓力握紧芹的手，他想："芹是个时代的女人，真想得开。一定是我将来忠实的伙伴！"他的血在沸腾。

事已至此，萧红遗弃孩子的缘故，读者心中当有了一个大致的判断。

围绕萧红的谜团，此后也变得越来越多，就像是一个蚕蛹，被一丝一丝绕在里面，勒出了斑斑伤痕。这伤痕，仿佛一尊残缺的哥窑瓷器。细细想来，萧红与哥窑之间的相近，令人瞠目，仿佛哥窑是她的一个化身，或者，她是哥窑的一个化身。那身上一道道裂纹，像是天才与疾病的综合体。

哥窑的特色，就在于它不规则的开片。然而那斑驳对于一般人来说，却无从欣赏。它不似汝窑的滑润如脂，不似钧窑的华丽夺目，不似定窑的色泽淡雅，它保有自己神秘的独特，深受眼光独具的收藏家喜爱。哥窑那独一无二、顺其自然的残缺，就像萧红遭受的接踵而来的苦难，令人不忍直视。

波西米亚玫瑰的灰烬

萧红传

第五章　"我的光阴嫁给了一个影子"

1 再这样度蜜月把人咸死了

终于从医院里出来了。

据说，萧红从医院分娩回去后不久，因黄淑英在萧军面前说了萧红的闲话，萧军和黄淑英吵了起来。年轻的萧军脾气是火爆而执拗的，二人互不相让，这次彻底伤了和气。第二天，萧军带着萧红离开了裴家。

他们住进一家叫"欧罗巴"的旅馆，位于哈尔滨道里区十一道街。这是一个白俄人开的旅馆，门面并不起眼。当时是1932年秋，两三年后，萧红在上海回忆起这段长达一年多的生活，写下了系列散文《商市街》。八万字左右，惊人地显现着她对细节的记忆。

对萧红来说，欧罗巴旅馆就是一个暂时的避难所，聊胜于无罢了。当时她的身体很坏，爬三层楼，手和腿都会打颤。她自己形容那楼梯是那样长，"好像让我顺着一条小道爬上天顶"。若真是天顶，也就好了，不定能见到祖父。

记得小时候，祖父常对她说，快快长大吧，长大了就好了。人们在小时候都会有这种想法，特别想知道自己长大了以后会是什么模样，等到真正长大了，却开始怀念起小时候。萧红也是这样，生完孩子后，就躺在床上想着曾经是孩子的时候。现在，她

欧罗巴旅馆旧址

是长大了，可是，却没有好。

　　她走进旅馆房间的时候，"和受辱的孩子似的偎上床去，用袖口慢慢擦着脸"。可她毕竟不是孩子，身边的人也不懂得如何照顾她。口渴的时候，她对萧军说："我应该喝一点水吧！"这话似乎已有些怨气。萧军当时是"非常着慌，两条眉毛好像要连接起来，在鼻子的上端扭动了好几下"，说："怎样喝呢？用什么喝？"当时，房里只有一张床，一张桌子和一个藤椅，桌上有一块洁白的桌布，除此之外，什么都没有。萧红当时有点昏迷，躺在床上，听到萧军在和茶房说话，以为他说完话后，就一定会举着杯子到床边，但是，她又听见萧军说："用什么喝？可以吧？用脸盆来喝吧！"

　　当时萧军看到自己带来的脸盆，便下了这么一个决定。好在，他紧接着又发现了刷牙杯。否则，用脸盆喝水，那是怎样一个场景。萧红喝完水后，注意到手指下抵着的白床单，心想："不错的，自己正是没有床单。"萧军这时和萧红想到一块儿去了，说："我想我们是要睡空床板的，没想到啊，现在连枕头都有。"说完，还满意地拍打了一下萧红枕在头下的枕头。谁知，这时一个高大的俄国女茶房走了进来，问："铺盖要租吗？五角钱一天。"萧红说不租，萧军也说不租，于是，那女人就把枕头、床单，连桌布都收走了。萧红肚子饿得厉害，腿不住地打颤，仍要站起来，打开柳条箱拿出自己的被子。

就这样，他们又往前走了一步：起码不用再看人脸色。

安顿下来后，他们就着白盐和黑列巴吃了一顿晚餐。列巴，是俄语的说法，指的是面包。第二天，萧军开始出去找工作，小房间从白色变成灰色，渐渐变作黑色，萧军才回来。萧红的肚子经常空着，几天都没有饱食，她只能在床上躺着，睡得背很痛，肩也很痛，实在不想再睡了，便在椅子上坐坐，"扒一扒头发，揉擦两下眼睛，心中感到幽长和无底，好像把我放下一个煤洞去，并且没有灯笼，使我一个人走沉下去"。旅馆的房间很小，窗子很高，像是囚犯住的屋子，但在萧红的心里，它和荒凉的广场没有两样，静得棚顶和天空一样高，一切离得她远远。她当时感觉到的是："屋子的墙壁隔离着我，比天还远，那是说一切不和我发生关系；那是说我的肚子太空了！"

萧军终于回来了，浑身都被大雪沾湿，袜子也是湿的，裤管还带着泥。他先上床暖一暖身子，萧红正用一块破布帮他擦着脚上的黑渍。他却像个呆人似的，腰直直的，弯都不弯一下，对萧红说："饿了吧？"

萧红几乎是要哭了，却回答道："不饿。"说完，把头低下，脸几乎挨到萧军的脚掌。怎么能不饿呢？由于萧军的衣服完全湿透，萧红自己下楼到马路旁去买了几块馒头。他们用刷牙杯盛满热水，伴着把馒头吃完了。

萧军找到了一份家庭教师的工作，预支了二十元的薪水，相当于他们十天的房钱。他们拿着这些钱，先去买了些面包，然后从当铺赎回了两件衣服——一件长夹袍，一件毛衣。"于是两个人各自赶快穿上。他的毛衣很合适。惟有我穿着他的夹袍，两只脚使我自己看不见，手被袖口吞没去，宽大的袖口，使我忽然感到我的肩膀一边挂好一个口袋，就是这样，我觉得很合适，很满足。"

晚上，他们穿着"新衣服"，一起去餐馆吃饭。五碟小菜，半角钱猪头肉，半角钱烧酒，丸子汤八分，外加八个大馒头。这回是真的吃饱了。

经过街口卖零食的小亭子，萧红还买了两块纸包糖，一人分一块，一面上楼，一面吃糖。回到房间，两人像大孩子似的，比着舌头。萧军吃的是红色的糖块，所以是红舌头，萧红是绿舌头。

多么令人满足的一天。早晨，萧红一面折着被子，还一面哼歌。然后坐到床沿，两腿轻轻地交叉着跳动，蓝色宽大单衫的衣角在腿下面抖荡。据说，这在台湾那边叫"少女踢"，踢的完全是一种心态。从萧红的一生可以看出，她时而像个走钢丝的人，在她的绳索上，不是坠落，就是站住，或者离开那里。为了免于坠落，她总是选择离开。在这个过程中，其实，她的需求很有节制。

"饿"是最先扑来的。黑列巴和白盐，在许多日子里成了他们唯一的生命线。有时，萧军还学着电影里的样子，用黑列巴蘸一点盐，送到萧红的嘴里，说："我们这不正是度蜜月吗？"萧红笑着说："对的，对的。"萧军这回被盐给噎住了，说了一句："再这样度蜜月，会把人咸死。"想起张枣的一句诗："我咬一口自己摘来的鲜桃，让你/清洁的牙齿也尝一口，甜润的/让你全身也膨胀如感激。"不知，这咸死人的面包，吃过之后，是否能"全身膨胀如感激"呢？对当时的萧红而言，或许是可以的。

有一次，萧军从外面回来，看到桌上有黑面包，连帽子都不脱，就在面包上撕一块儿，嘴里嚼着面包，又去找白盐。他一面喊萧红也来吃。萧红想到楼下去接点开水，于是说："就来。"等她回来的时候，面包差不多只剩下硬壳在那里。

萧军也意识到了，连忙说："我吃得真快，怎么吃得这样快？真自私，男人真自私。"于是端起刷牙缸喝水，再不吃了。萧红喊他再吃一点，他说："饱了，饱了！吃去你的一半还不够吗？男人不好，只顾自己。你的病刚好，一定要吃饱的。"然后跟萧红说，他打算怎样开一个培训班，教武术、写作等等，一边说着，手又凑到面包壳上，扭下一块，送到嘴里，咽下去了，自己还没发觉。第二次想扭的时候，他发觉了，说："我不应该再吃，我已经吃饱。"这时，萧红会帮他脱下帽子，再送一块面包皮到他的嘴里。然后他就一直喝开水。大概真的是饿坏了，他向萧红说："晚上，我领你到饭馆去吃。"

萧红感到奇怪，没钱怎么去饭馆呢？

萧军说："吃完就走呗，这年头不吃还不饿死？"

也许只是说说吧。第二天，仍是挨饿。

萧红已经饿得受不了了。每天早晨，过道里别人的门上，都挂着茶房送去的面包圈，还有一些牛奶瓶蹲在别人的房门外，萧红都知道。有一天，她醒得太早，受着食物的引诱，打开房门，发现"'列巴圈'对门就挂着，东隔壁也挂着，西隔壁也挂着。天快亮了！牛奶瓶的乳白色看得真真切切，'列巴圈'比每天也大了些"。偷的想法充涨着她。但是，她什么也没拿，心里发烧，耳朵也热了一阵。她想起小时候，"偷"是一种羞耻的记忆。可是，她实在是饿呀，于是，第二次打开房门，这次是真的决心要偷了。可是，第二次仍是失败。当她再次嗅到麦香，对着面包，她害怕起来，"不是我想吃面包，怕是面包要吞了我"。

2 搬家

"搬家！什么叫搬家？移了一个窠就是罢！"

这不单是移了一个窠的问题，萧红的角色也有些转变。

她随萧军一起搬到商市街二十五号。这是哈尔滨道里区的一条商业街，现改名为"红霞街"。在这条街上，住着萧军教武术的徒弟。他们正是住进了这位学生的家里。

这家有一个很长的院子，二萧住在最里边"一所半在地下的小屋子"里。进屋时，要往下走几级台阶，屋子里很暗，"连视线都被墙壁截止住，连看一看窗前的麻雀也不能够"。当晚，孩子的父亲去拜访了他们。恰巧，孩子的三姐曾经在哈女中见过萧红，也凑热闹来了。她比萧红小四岁，烫了卷发，嘴上还涂着胭脂，"很爽快，完全是少女风度，长身材，细腰"，令萧红不住地想，"比起她来，怕是已经老了。尤其是在蜡烛光里，假若有镜子让我照一下，我一定惨败得比三十岁更老"。实际上，萧红正二十二岁。

无论如何，"'家'就这样的搬来，这就是'家'"。他们借了一张铁床、一张桌子和两张椅子，屋内还有火炉，炉中尚有木枋在燃。萧军出去买水桶、饭碗等家什，萧红一边等着他回来，一边擦着地板和窗台。炉中火星都燃尽了的时候，萧军还没有回来，她感到又冷又饿。此时，萧红还有了肚子痛的毛病，每个月常发作一次，痛起来好几天不能起床，好像生了大病一样。

痛得最厉害的时候，连续几个钟头，全身都会发抖。

虽说这个家不像旅馆那么寂静，有狗叫，有鸡鸣，还有人嚷，但是，刚刚搬进新家的萧红，还没能去关心院里的"小黑狗"，那是以后的事儿。当时，她只觉得"我饿了，冷了，我肚痛，郎华还不回来，有多么不耐烦！连一只表也没有，连时间也不知道。多么无趣，多么寂寞的家呀！我好像落下井的鸭子一般寂寞并且隔绝。肚痛，寒冷和饥饿伴着我，……什么家？简直是夜的广场，没有阳光，没有暖"。

突然，门扇哐当哐当地响，萧军拎着一个小桶回来了，里面装着小刀、筷子、碗、水壶，还有白米。生活的配备，第一次如此完全地展现在萧红的面前。

过去，住在旅馆里，她是不做饭的。在北平，也有梗妈来照料。然而，这次搬了新家，她居然也和小主妇似的，做起晚餐来了。第一次下厨，油菜烧焦了，白米饭也是夹生的。萧红懂得，从这一天开始，"这是说我做了'妇人'，不做妇人，那里会烧饭？不做妇人那里懂得烧饭？"

她清早起来第一件事情，就是与火炉打交道。记得有一次，她的手在火炉门上烫焦了两条印子，并且把指甲烧焦了一个缺口。火焰仍是从炉门喷吐，她对着火焰生气，同时自己也意识到："女孩子的娇气毕竟没有脱掉。"她向着窗子，"心很酸，脚也冻得很痛，打算哭了。但过了好久，眼泪也没有流出，因为已经不是娇子，哭什么？"

还有一次，她点火炉的时候，遇到了新的挑战。火炉烧起又灭，灭了再弄着，弄着了又灭，灭到第三次的时候，她恼了，心想："冻死吧，饿死吧，火也点不着，饭也烧不熟。"

她一天的日程安排是：预备早饭，而后是擦地板、铺床。早饭吃完以后，就是洗碗、刷锅、擦炉台……再过三四个钟头又是烧晚饭。他们一天大概吃两顿。夜间，萧军去教武术时，她会找本书看看，可是读不上几页，就惦记着外面的雪是大了呢，还是小了呢？她一边翻翻书，一边透过小窗看看雪，读了很多页了，书上什么意思，却不知道。她的心思完全在别的地方："落大雪天，就转寒，那么从此我不能出屋了吧？郎华没有皮帽，他的衣裳没有皮领，耳朵一定要冻伤的吧！"

于是，他们就商量着去"破烂市"买皮帽。萧军挑了一顶四个耳朵的帽子。戴起来立刻变成个小猫样，萧红看着就笑了。萧红称它为"飞机帽"，买完皮帽，身上就剩下五角钱，萧红什么也没买。

萧军看起来很忙碌，他的职业主要是家庭教师，经常带不止一个学生。安排得最满的时候，他早晨起来还要到南岗去教武术。这时，他会叮嘱萧红："南岗有一个要学武术的，明天早晨晚些吃饭，等我回来吃。"萧红注意到他说这话时的表情，是"完全没有声色，把声音弄得很低很低……"仿佛想要严肃一点，或故意把这事看成平凡的事。萧红也猜不透这其中的意思。

从南岗回来以后，吃过早饭，萧军又要到对门去给他的小徒弟上国文课。之前出去了一趟，袜子都是湿的，他们吃饭的时候，一边的火炉上正烘着萧军的袜子，整个房间都充斥着一股难闻的味道。萧军常常不等袜子烘干，就光着脚穿鞋到对门去了。萧红最初会阻止他，说："你等一等，袜子就要烘干了，汪家有两位小姐，不穿袜子，不好看的。"萧军才不管这些，没好气地说："什么好看不好看！"

教完了课后，他又要跑出去借钱，然后回家吃晚饭。晚饭后又是教武术，又要到五里路外一条僻静的街上去教两个人读中学国文课本。整天下来，再回到家中，更加没好气了。萧红问他："外面又下雪吗？"他一般是不会回答的，好像是同她生气的样子。不知道为什么，就是这样。

萧红还得进当铺。

她把自己新做起来的一次也没穿的棉袍换了一元钱和一张当票。回家的路上，她快快地走，"走起路来感到很爽快，默认自己是很有钱的人"。菜市、米店她都去了，"臂上抱了很多东西，感到非常愿意抱这些东西，手冻得很痛，觉得这是应该，对于手一点也不感到可惜"。走到一家包子铺门前，她又买了十个包子，"看一看自己带着这些东西，很骄傲，心血时时激动"。路旁遇见一个老叫花子，又停下来给他一个大铜板，她想："我有饭吃，他也是应该吃啊！"但是，也不多给，剩下的还要留着自己用呢。

萧军很不喜欢进当铺，总觉得当铺摆那么高的柜台，有些欺负人。不过他让萧红去了。虽然嫌萧红换回来的钱太少，但他愿意吃包子。他吃包子的嘴，"看起来比包子还大，一个跟着一个，包子消失尽了"。

天气越来越冷，哈尔滨的雪是重量级的。萧红想起祖父说的："大雪的年头，小孩站在雪里露不出头顶。"这样的雪，带给她不安，带给她恐惧。她梦见"一大群小猪沉下雪坑去……麻雀冻死在电线上，麻雀虽然死了，仍挂在电线上。行人在旷野白色的大树林里一排一排地僵直着，还有一些把四肢都冻丢了"。

由冷又想到饿，想到每天吃饭睡觉，愁柴愁米。这一切给她一个印象："这不是孩子时候了，是在过日子，开始过日子。"

有时，当萧红感到快乐的时候，她会勾紧萧军的脖子，逼他解答一些奇妙的问题。比如："爱的！这就是人生吗？有了爱，有了家……"

萧军回答："唔……这就是人生！"

"不，人生总不会就是这样简单……一定还有些别的？"

"再有的是……就该是孩子们了。"

"除开孩子。"

"没有了……"萧军一边作着思索的样子，接着说道，"这对于一个女人的需要，已经是够了！"

作出这样的回答，萧军解释说是因为自己想要"解脱这恐怕延缠到没有了结也没有端绪的问题底纠绕，便常这样像想逃避一肩揹负的狡猾的驴子似的，这样答复她"。

萧红感到不能满意，说："如果我康健起来，我一定要试探试探人生的海！"

她不知道，她已经在试探着了……

3　追求职业

郎华的两个读中学课本的学生也不读了！

他实在不善于这行业，到现在我们的生命线又断尽。

萧红也当起了家庭教师。

她让学生拿着课本到家里上课。萧红自述："我也把桌子上铺了一块报纸，开讲的时候也是很大的声，郎华一看，我就要笑，他也是常常躲到厨房去。我的女学生，她读小学课本，什么猪啦，羊啦，狗啦！这一类字都不用我教她，她抢着自己念：'我认识，我认识！'"

这位女学生比萧红的岁数还大，弄得萧红都有些不好意思。学费方面，她先拿了五元钱给萧红，并说剩下的五元过几天再交。不过四五天后她才出现，对萧红说："先生，我有点事求求你！"只见她拿出一张纸条，上面是算命先生给她批的八字。她说："我找了好些人都看不懂。我想先生应该是有学问的人，我拿来给先生看看。"

萧红借着蜡烛的亮光，看了半天，也没看清。她说，怕是再点两支蜡烛，她也看不清，因为她根本就不认识上面的字。萧军也看了半天，说："这是《易经》上的字。"但也说不出个所以然来。这位女学生大概觉得这样的先生教不了她，从此便没有再来。

萧红开始看报纸、找工作。她知道一位朋友在电影院画广告，月薪四十元，正好在报纸上看到招广告员，立刻就动心了。她想："我也可以吧？从前在学校时不也学过画吗？"萧军却不大愿意，他说："尽是骗人。之前别的报上登着一段招聘家庭教师的广告，我去接洽，其实去的人太多，招一个人，就要去十个，二十个……"

这不是很正常吗？难道就只准他一个人去应聘？

萧红坚持要去看看，当然，中间也遇到了一些波折。他们去的那天正好是星期日，商行不办公。第二天又跑一趟，商行说直接去找电影院接洽吧。萧军走出来就生气了，冲着萧红说："这都是你主张，我说他们尽骗人，你不信！"萧红也很生气："怎么又怨我？"她觉得萧军不应该同她生气，萧军却觉得是她的过错，他们吵起来了，回家的路上，萧军走得很快，像是不愿意和萧红走在一起。

第三天，萧红也就没再提起这事。她已没有兴致再找那样的职业。

可是，萧军自己倒是戴着他的"飞机帽"去了两次电影院。第一次去，人家说经理不在。第二次去，人家叫他过几天再去。他气坏了，回到家里，又是一通牢骚："真他妈的！有什么劲，只为着四十元钱，就去给他们要宝！画的什么广告？什么情火啦，艳史啦，甜蜜啦，真是无耻和肉麻！"直到睡觉的时候，他还在说，声音越讲越大，他开始更细地分析自己："你说我们不是自私的爬虫是什么？只怕自己饿死，去画广告。画得好一点，不怕肉麻，多招来一些看情史的，使人们羡慕富丽……若有人每月给二百元，不是什么都干了吗？我们就是不能够推动历史，也不能站在相反的方向努力败坏历史啊！"

萧军先生总是有一套自己的理论。他的理论使"他的后脑勺也在起着矛盾"。然而，萧红回忆当时的情景时，说："他讲得使我也感动了。"这是实话，萧军对萧红还是有些吸引力的。此外，联想到之前萧红参加学生运动时，对男同学生起的"对不住或软弱的心情"，更加能够体会这种"感动"。

又是一天，他们在街上闲逛，一位很瘦很高的朋友在萧军的肩膀上拍了一下，原来是老秦。萧红无意间发现老秦的鞋上有红绿的小斑点，便问他："你的鞋上怎么有颜料？"原来这位朋友就在电影院画广告，老秦说："事情很忙，四点钟下班，五点就要去画广告，要不你们也一块儿去，帮我一点忙？五点我在卖票的地方等你们吧。"

当晚，二萧急急忙忙吃完晚饭，就往电影院赶。萧军又是走在前面，萧红在他后面追随。路上，萧红忽然想起做饭的时候，火炉旁堆着一堆木柴，怕会着火，于是又回去了一趟。萧军先走了，他再看到萧红时，很自然地说道："做饭也不晓得快做！磨叽，你看晚了吧！女人就会磨叽，女人就能耽误事！"

萧红心想："这行业不是干不得吗？怎么跑得这样快呢？"他又抢在萧红前面，跨进了电影院的大门。谁知他们等了半个钟头也没看见老秦。萧军又生气了，回家对萧红说："去他娘的吧！都是你愿意去。那不成，那不成啊！人这自私的东西，多碰

118

波西米亚玫瑰的灰烬

萧红传

几个钉子也对。"说完，他到别处去了，留下萧红一个人在家。

老秦找了过来，把萧红领走了，说好让她当"广告副手"，两人均分，每月二十。于是，萧红在广告牌前站到十点钟才回家。在这期间，萧军找过她两次，都没有找着。当晚，他们又吵了一架。萧军出去买酒喝，醉了，哭了，躺在地上嚷："一看到职业，什么也不管就跑了，有职业，爱人也不要了！"萧红也抢着喝了一半酒，哭了。"醉酒的心像有火烧，像有开水在滚，就是哭也不知道为什么要哭。"

或许，他们太年轻也太痛苦了。

如果说在洪水来临时，怀着身孕的萧红遇到了萧军，就像是依赖某种自然力一样地依赖着他。如今，对萧军的性格脾气渐渐了解了多些，萧红的自我意识也更加觉醒了一些。她对萧军的依赖也不像当初那样，毫不经过思考了。

而萧军自称是"喜欢一切习于'真'的人"，但是，他有着可笑的矛盾的心理。这种"其所言者特未定"的"真"，有时不免走向感情的放纵。当然，关于这一点，他有一套自己的说辞："不喝酒的人，固然获不到喝酒的苦处，但也获不到它的好处。不能奔放感情的人，当然可以不受到因这奔放得到的创伤，但也不会得到这奔放的快乐。"

实在令人纠结。他后来又说："我常常在感情兴奋的时候就要过度夸张自己的劣点，随便说一些使别人——更是女人——吃惊的话，这是不对的。女人是一只船，随时全可以翻过来的。对于女人，一定要以坚强的理性，控制自己的感情，这样才能长久，也不至伤到自己。"

4 跋涉

第二天酒醒。二萧一同去画了一天的广告。萧红是老秦的副手，萧军是萧红的副手。

"第三天就没有去，电影院另请了别人。广告员的梦到底做成了，但到底是碎了。"

还能做什么呢？

我们确切地知道，1932年冬，萧红做了两件事情。一是为了接济水灾难民，二萧的好友金剑啸发起了一次"维纳斯助赈画展"。萧红也画了两幅，一幅是两根萝卜，另一幅是萧军的一双破鞋和两个小山东锅饼。据说画展十分成功，但是萧红的画并没有卖出去。画展结束后，一群人组织了一个"维纳斯画会"，这是一个画家小团体，也是萧红一向的志趣所在。不过，萧军对此并不感到多少兴味。他在一篇文章中如此回忆自己与金剑啸的对话：

> "我们要助赈了！"
>
> "那很好……"
>
> "你也得出点吗啊？"
>
> "我又不会画画……"
>
> "你写一篇文章在报上……代我们介绍介绍……"
>
> "不必罢……我不想作个慈善家……"我说。
>
> "不，你一定要写……我们要出一个画刊……你就写在那上面——"
>
> 我笑着没有回答。他打着我面前那个撇蹩脚的桌子说：
>
> "你一定要写——"
>
> "是的，我写……"

二是，萧红用悄吟的笔名参加了《国际协报》的新年征文，从此开始了文学创作。"悄吟"即悄悄地吟咏。伍尔夫曾说："习俗认为女人出名是可憎恶的，她们的血液里流动着匿名的意念。"

当时，方未艾是该报的副刊编辑。他与萧军在兵营里早就认识了，和萧军一样，当过"字儿兵"，即文书上士。"九·一八"事变

初到哈尔滨的萧军（右）与方未艾

后，他与萧军因组织抗日义勇军起事失败，一起流浪到哈尔滨，开始弃武从文的生活。1932年，他也在《国际协报》工作。而萧军自从离开裴馨园家后，便不再与报社联系。后来，裴馨园因发表批评当局的文章而被革职，方未艾接替了他的工作。是年冬天，该报推出了"新年征文"特刊，萧军和方未艾等人都鼓励萧红投稿应征。

之前只写过一些诗歌的萧红，开始尝试其他体裁的创作，并展现出惊人的才华。

1933年4月18日，萧红完成了长篇纪实散文《弃儿》，写的是她从东兴顺旅馆逃出以后，直至在医院产下女婴的经历。该文连载于5月6日至17日的《大同报》文艺副刊。

同年5月21日，她创作了《王阿嫂的死》，这是她的短篇小说处女作，讲述了一个农村妇人的死亡，以及她的养女小环的悲惨命运。

这篇小说充满了画面感，奇异地混合着优美与残忍、细腻与粗犷、真实与夸张、怜悯与憎恶、静与动……是一件充满了生命力的艺术品。虽然，萧红的作品的结构常常被诟病，但是天才的闪光已显现其中。她在诗中说的是些大白话，却把诗歌的跳跃性放进了小说里。这些自然而奇妙的融合，使萧红本人及其作品成了独特而富有吸引力的存在。

她笔下的王阿嫂也是个孕妇，但王阿嫂大着肚子还得在田地上做工。萧红形容她的悲哀"像沉淀了的淀粉似的，浓重并且不可分解"，"她流的眼泪比土豆还多"。她的死因是被张地主踢了一脚，"她的肚子被踢得胎儿活动了！危险……死……"几天以后，"王阿嫂自己在炕上发出她最后沉重的嚎声，她的身子是被自己的血浸染着，同时在血泊里也有一个小的、新的动物在挣扎"。不久，王阿嫂就死了，新生下来的小孩，不到五分钟也死了。

篇末，她又以寥寥数笔勾勒出一幅图画：

> 小环，这个小幽灵，坐在树根下睡了。林间的月光细碎地飘落在小环的脸上。她两手扣在膝盖间，头搭在手上，小辫在脖子上给风吹动着，她是个天然的小流浪者。
>
> 棺材合着月光埋到土里了，像完成一件工作似的，人们扰攘着。

之后，小环醒过来，她才明白妈妈是再也不能醒过来了！"她在树林里，月光下，妈妈的坟前，打着滚哭啊！……"

> 远近处颤动这小姑娘的哭声，树叶和小环的哭声一样交接的在响，竹三爷同别的人一样在擦揉眼睛。
>
> 林中睡着王大哥和王阿嫂的坟墓。
>
> 村狗在远近的人家吠叫着断续的声音……

小说到此结束。

余华曾经说过，有这样两则新闻报道：其一，两辆汽车在公路上相撞；其二，一个人跳楼身亡。这些都是客观的陈述，但是在这些陈述的后面，那个记者分别添了一句话："路上落满了从树上掉下来的麻雀"；"在那个人下坠过程中他的牛仔裤都爆裂了"。余华说，这两则报道之前的陈述都是普通的新闻，但是加了那两句话以后，就是文学了；新闻报道并不需要这两句话，但是文学需要。

这些文学需要的东西，带给人的是什么呢？萧红的作品中有许多这一类的东西。或许是对感官的冲击，或许是对心灵的读解，这些都让人觉得自己更像是在活着，而不是虚浮潦草的一个结果。

萧红从写自己的苦难开始，转而将怜悯过自己的眼睛，朝向芸芸众生。

1933年，她先后写下了《看风筝》、《腿上的绷带》、《小黑狗》、《太太与西瓜》、《两个青蛙》、《哑老人》、《夜风》、《叶子》、《广告副手》、《中秋节》、《清晨的马路上》、《渺茫中》、《烦扰的一日》、《破落之街》等作品，总共包括十个短篇小说、六篇散文和一首诗。

同年初秋，萧军、金剑啸、陈华等人在长春《大同报》创办了一个副刊，萧红为其取名《夜哨》，萧军负责约稿，从哈尔滨寄到长春，每周一次，陈华负责编辑选稿，萧红这一年的大部分作品都发表在这上面。以下是《夜哨》的发刊词，可见出其时代背景，以及办刊宗旨：

> 你们像是牢狱里的囚犯，
>
> 紧缠着笨重的铁链，

如今，一团烈火燃烧着——

铁链就要被毁断，

打开牢狱之门前进，

光明就在你眼前出现。

再也不能安分地期待，

期待只是受那种种的割宰，

如今，奴隶们只有一个路——

钢铁一般团结起来，

伟人一般看重自己，

把铁锁链毁掉，

去欢迎那光明的出现。

这份刊物从8月6日办到12月24日，共出刊二十一期，几乎每期都发有萧红的文章。由于最后一期上刊登了一篇萧军描写日本兵在乡村"剿匪"时摸女人屁股的事，萧军回忆说"编辑没注意发下去了，结果编辑免了职，幸赖他的日本朋友通融，没有送进监军。他来信仅是说：'我已免职，你应将家中所有不稳报纸及书物速烧掉，不日宪兵或要到你处调查……'"于是，《夜哨》被报社当局勒令停刊了。

1933年，是萧红离开哈尔滨之前的创作多产期，也是她从事创作的第一个阶段。这一阶段，不得不说，萧红一定程度上受了萧军的影响。

他们于1933年10月3日，在好友舒群等人的资助下，自费在哈尔滨五画印刷社出版了两人的作品合集，取名《跋涉》，形容路程的艰苦。其中收入了萧军的小说六篇，萧红的小说五篇，外加一首《春曲》和萧军的后记。

在这篇后记中，萧军表达了他对"现人生"的体验和认识，他自己归纳了三点：其一，一切以经济作基底的现社会，仅凭感情上结合的友谊是不可靠的。其二，唯有你同一阶级的人们，才能真的援助和同情你。其三，艺术救不了现实的苦痛。

以上仅能反映萧军的思想，却并不能代表萧红的思想。萧军一向如此自负，这是他们的合集，但这里面一点也

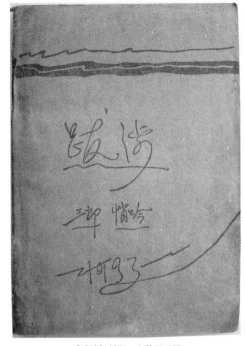

《跋涉》封面，由萧军手写

没有照顾到萧红的意思。他总是一副以萧红的恩人自居的模样。他曾说过："对于你曾有过恩情的人，也不要永存着铭感的心，这样结果常会获得义务似的轻视。"让他发自心底地尊重萧红，简直是不可能的。

萧军对萧红的艺术风格也是不大认同的，并总是想要改造她。他在日记中多处提到"我应该尽可能使她按照她的长处长成，尽可能消灭她的缺点"。

有两件事情，似可见出他的这种"努力"。

第一件是关于"怎么写"。事情发生在1937年，两人为了一个句子而起争执。由于萧军存世的日记始于1937年，而他日记的内容都大致相类，可以从这相处的一斑而窥见全豹：

她近来说话常喜欢歪曲，拥护自己，或是故意拂乱论

点，这是表现她无能力应付一场有条理的论争。我应该明白她的短处（女人共通的短处——躁急，反复，歪曲，狭小，拥护自己……）和长处，鼓励她的长处，删除她的短处，有时要听取她，有时也不可全听取她只是用她作为一种参考而已（过去我常要陷于极端的错误）。当你确实认清了一个人的时候，你会觉得过去有的地方实在愚蠢可笑。

前天为了一丢词句的争执：

我从外面回来，用杯子喝着水，她写了一句形容词问我。我说出我的意见：

"若是我写我就不这样写了，我要写'水在杯子里动摇着，从外面看去，就像溶解了的玻璃液，向嘴里倾流……'你那句：'他用透明的杯子喝着水，那就好像在吞着整块的玻璃。'"

她和我争执着说她的句子好，我说，那近乎笼统的、直觉的，是一种诗式的句子，而不是小说，那是激不起读者的感觉的。我们很大的声音争执着，像过去争执一样，不过我却少动气了。

试着比较这两种写法，读者应该庆幸萧红没有改变她的写作风格，否则，她的小说中该失掉多少鬼手。鬼手虽不是正招，却常比正招更出其不意，更具爆发力和杀伤力。

第二件是关于"写什么"。

那是在1934年的初春，有一个叫滕厉戒的初中生，刚到哈尔滨开学报到，学校要交六十五元的学费，之前，父亲只给了他六十七元，其中两元是一个月的零花钱。可是，他没有想到学校还另外要交五元的保证金，并要请一个保人，便只好找朋友唐景阳帮忙。唐景阳也是个穷学生，当时全仗着给《国际协报》写点稿子以维持学习生活。于是，他带着滕厉戎去找萧军想办法。他们一起到了商市街二萧的家中，四个人聊起了写文章的事情。滕厉戎后来回忆了这一段：

......"恐怕厉戎还真不知道要写什么呢！"唐景阳算是替我说了。"大哥！你说要写什么呢？""要写穷！"三郎把脸板起来了，板的那样严肃，声音也大了，说的那样斩钉截铁。

......三郎说完一抬身子走了。悄吟坐在凳子上，把身子伏在桌子上看着我，一点掩饰没有，侧着头脸对脸地看着我，我不好意思地笑了，我明白她是在逗一乡下的孩子。"小老弟还像个大姑娘哪！你十几啦！""十七！""我还是个老大姐呢！来！我喂你吃糖！"说着她便拿起一块糖送到我的嘴里，我看着她笑了......"三郎说的对，要写穷！但是光写穷不行，要写都因为什么穷的，都有哪些人是穷的，穷到什么地步；富人又是什么样子，官老爷又是什么样子，他们过的是什么生活，他们是怎样对待穷人的......"经悄吟的这一解释，我对穷字的这个总题明白得多了......

如果这段回忆属实的话，那么，萧红在写作的内容方面，确是受到了萧军的影响。然而这也是那个时代不可避免的主题，那是一个作兴写"爱与穷愁"的时代。

总之，《跋涉》的出版，是一件令他们感到欣喜的事情。萧红是在"永远不安定下来的洋烛的火光"下将原稿抄写下来的。抄完以后，第二天她也跟着跑到印刷局去，她感到特别高兴。看着"折得很整齐的一帖一帖的都是要完成的册子，比儿时母亲为我制一件新衣裳更觉欢喜......"并且，"被大欢喜追逐着，我们变成小孩子了"。她和萧军一起去逛公园，觉得公园是令人满足的地方。在公园里，两个被大欢喜追逐着的人，把身上带的钱都用光了，划船一小时一角五，萧军一个人喝茶用去了五分。

1933年9月初，《国际协报》上登载了一则广告：

> 三郎、悄吟著之《跋涉》，计短篇小说十余篇，几百余页。每页上，每字里，我们是可以看到人们"生的斗争"和"血的飞溅"给以我们怎样一条出路的线索。现在在印刷中，约9月底全书完成。

书印出来后，他们自己到印刷局去装订了一整天，然后把一百本《跋涉》运回了家。

5 新识

渐渐地，二萧的生活有了些改善。

萧红在《商市街》中写道："居然我们有米有面了，这和去年不同……""木格上的盐罐装着满满的白盐，盐罐旁边摆着一包大海米，酱油瓶，醋瓶，香油瓶，还有一罐炸好的肉酱。墙角有米袋，面袋，桙子房满堆着木料……"去年还在用盐拌着米饭吃呢，今年就可以用肉酱拌饭了。也不用为了取暖，把腿伸进火炉腔里烤了，或整天披着被子坐在床上，一天一夜都不离床。

"秋天，我们已经装起电灯了。我在灯下抄自己的稿子，郎华又跑出

朋友冯咏秋为萧红画的小像

去，他是跑出去玩，这可和去年不同，今年他不到外面当家庭教师了。"和萧军在一起，萧红的确认识了许多新朋友，他们的生活中开始有了"玩"这个字眼，也即除了生存以外的内容。

这是一座宽大的房子，位于哈尔滨新城大街（今尚志大街）的一个大院内。房屋坐北朝南，客厅、卧室、书房、厨房、厕所等一应俱全。客厅的正南面有两个大窗户，能看到出入大院的人们，房屋的主人觉得这样有碍隐私，于是在窗前种了许多牵牛花，花开之时，"粉白色、红白色和紫里衬白的牵牛花，爬满了所有的窗子和风斗门"，这样一来，不仅装饰美观，还可以遮挡过往行人向室内张望的视线。

当时，萧红和她的"新识"、"熟识"们，组织了一个星星剧团，由金剑啸担任导演、舞美设计，罗烽负责剧团组织工作，萧军、萧红、白朗、舒群等人担任演员，排演的剧目有辛克莱的《小偷》、白薇的《娘姨》、张沫之的《一代不如一代》等。萧军演过一个小偷，萧红演的是个又老又病的女人。

"第一次参加讨论剧团事务的人有十几个，是借民众教育馆阅报室讨论的。其中有一个脸色很白，多少有一点像政客的人，下午就到他家去继续讲座。"这个人大概就是房屋的主人黄之明，他的妻子叫袁时洁，也是哈女中毕业的学生，"九·一八"的炮声促成了她与黄之明的结合，新居之室便谓"牵牛房"。这是黄之明的建议，时常来聚会的朋友都表示赞成，并说："好哇好哇，对啦，你就当这房子的老黄牛。"从此，到"牵牛房"串门或聚会的朋友，都得了一个带"牛"字的外号。不过，没具体说萧红是什么牛。只说"'牵牛房'又牵来两条牛！"，因为她是和萧军一起去的。

1980年，袁时洁写了一篇《"牵牛房"忆旧》，说"来'牵牛房'的人们，有作家，有诗人，有画家，有职员，有教师和学生等。常聚在'牵牛房'的人们，起码都具有着爱国主义思想……把日本帝国主义打出中国去……在'牵牛房'里，有的实际就做着秘密抗日工作"，主要是通过宣传消息来达到"秘密抗日"。

在袁时洁眼里，二萧当时都算是"职业作家"，且在物质生活上一贫如洗。她有一次偷偷塞给萧红"十元钞票"，萧红还为此写了篇文章。

> 又是玩到半夜才回来。这次我走路时很起劲，饿了也不怕，在家有十元票子在等我。我特别充实地迈着大步，寒风不能打击我……
>
> 我的勇气一直到"商市街"口还没消灭，脑中，心中，脊背上，腿上，似乎各处有一张十元票子，我被十元票子鼓励得肤浅得可笑了。
>
> 是叫化子吧！起着哼声在街的那面移动。我想他没有十元票子吧！
>
> 铁门用钥匙打开，我们走进院去，但我仍听得到叫化子的哼声……

萧红数次描写这种"充实"的心情时，总会顺带写到"叫化子"。她对这一类人物，并非居高临下的同情，而是自己并不比人物高多少的同感。在那样风霜催逼的环境下，她不惜狠狠地说："我们也是一条狗，和别的狗一样没有心肝。我们从水泥中自己向外爬，忘记别人，忘记别人。"

其实，她一直没有忘记别人。

她清楚地知道："我们的生活技术比他们高，和他们不同，我们是从水泥中向外爬。可是他们永远留在那里，那里淹没着他们的一生，也淹没着他们的子子孙孙，但是这要淹没到什么时代呢？"

谁也无法回答。即使到今天，也仍有许多被"淹没着"的人。萧红的笔下也有大量这样的人。

萧红第一次到牵牛房的感受是："许久没有到过这样暖的屋子，壁炉很热，阳光晒在我的头上；明亮而暖和的屋子使我感到热了！""我受冻的脚遇到了热，在鞋里面作痒。这是我自己的事，努力忍着好了！"

第二天，大家又到牵牛房去。"那是夜了，客厅的台灯也开起来，几个人围在灯下读剧本。"萧红与她从前的一个同学"无秩序地谈了些话，研究着壁上嵌在大框子里的油画"。

客厅中有许多都是生人。"大家一起喝茶，吃瓜子。这家的主人来来往往地走，他很像一个主人的样子，他讲话的姿式很温和，面孔带着敬意，并且他时时整理他的上衣：挺一挺胸，直一直胳臂，他的领结不知整理多少次，这一切表示个主人的样子。"

萧红在这里度过了"几个欢快的日子"。不过，她出入这些社交场合时的行头，据说是一件破旧的咖啡色旗袍和一条不搭配的男人裤，脚跛一双男士皮鞋。（当时的人们并非都过着穷愁的生活，萧红在客厅里还看见"一个穿皮外套的女人"。）

西蒙·波伏娃在《第二性》"社交生活"一节中，首先谈到的是女子的打扮，可见其在社交生活中的重要程度。她举了几个例子，说明女人们是多么讲究穿着，以及隐藏在其背后的心理。她说："玛丽巴斯克柴夫告诉我们，她身上所着的衣服，可以决定她的幽默、举止和面部表情；当她穿得不合场合时，她会坐立不安，觉得自己平凡、丢脸。许多女人宁可不赴宴，也不肯穿件不满意的衣服出场，尽管人家不特别注意她。"

因此，"讲究穿着也是一种束缚，而且必须付出代价"。

萧红当时是无力讲究，反而不会因此而产生"展览自己"的焦虑。她观察着别人以及周围的一切。

红灯开起来，扭扭转转的那一些绿色的人变红起来。红灯带来另一种趣味，红灯带给人们更热心的胡闹。瘦高的老桐扮了一个女相，和胖朋友跳舞。女人们笑流泪了！直不起腰了！但是胖朋友仍是一拐一拐。他的"女舞伴"在他的手臂中也是谐和地把头一扭一拐，扭得太丑，太愚蠢，几乎要把头扭掉，要把腰扭断，但是他还扭，好像很不要脸似的，一点也不知羞似的，那满脸的红胭脂呵！那满脸丑恶得到妙处的笑容。

……

跳舞结束了，人们开始吃苹果，吃糖，吃茶。就是吃也没有个吃的样子！有人说：

"我能整吞一个苹果。"

"你不能，你若能整吞个苹果，我就能整吞一个活猪！"另一个说。

自然，苹果也没有吞，猪也没有吞。

外面对门那家锁着的大狗，锁链子在响动。腊月开始严寒起来，狗冻得小声吼叫着。

带颜色的灯闭起来，因为没有颜色的刺激，人们暂时安定了一刻。因为过于兴奋的缘故，我感到疲乏，也许人人感到疲乏大家都安定下来，都像恢复了人的本性。

有意思的是，她对这些朋友进行了毫不客气的描述："一个流汗的胖子"、"蠢得和猪、和蟹子那般"、"扭得太丑，太愚蠢"、"好像很不要脸似的，一点也不知羞似的……"还有她目光的游移，从喧闹的客厅到外面的大狗。仅仅是一句看似不经意的插入语，却让人想到，有多少人在房里热得脚趾头发痒，而被锁上的大狗却在外面冻得吼叫着。

萧红那时感到与自己"同命运的"是一些小动物，比如快死掉的小黑狗、小鱼……

光怪陆离的生活，终究是难以进入。"不管怎样玩，怎样闹，总是各人有各人的立场。"

玩得厌了，大家就坐下来喝茶，讨论起"怎样是'人'，怎样不是'人'"的话题。

有的说"没有感情的人不是人"，有的说"没有勇气的人不是人"，有的说"冷血动物不是人"，有的说"残忍的人不是人"……这时，萧红听到萧军的高叫："不剥削人，不被人剥削的就是人。"萧红没有发表意见。

时运不济。"牵牛房"不久也面临着危险。有一位被尊为老大哥的人说："出入'牵牛房'的人要注意提高警惕，我觉得大门外来往的行人有些不对头呢！"听了他的建议，大家商量，平时在桌上摆上麻将、扑克之类，装作休闲的样子。在另一些桌上放上瓜子、花生、糖果之类，若是来了不速之客，便由在座的一人宣布："为黄大哥、大嫂的'石头婚'祝贺！"

如此掩护之下，"不乐白不乐"，成了一部分人的心声。萧红是否乐在其中呢？

6　我们决定非回国不可

"不安定的生活重新又开始，从前是闹着饿，刚能弄得饭吃，又闹着恐怖。"

《跋涉》出版后，"家里，地板上摆着册子，朋友们手里拿着册子，谈论也是册子"。它成了二萧闯进东北文坛的第一本书。长春《大同报》副刊对此专门作了新书介绍，有意思的是，该介绍里提到了"三郎的粗暴和悄吟的细腻，那是男女生理上不同的关系，而他们的值得介绍，是无可非议的"。事实上，这本书在东北读者群中获得的反响很大，据作家王秋莹说："当时最杰出的作家当首推三郎夫妇，自从他们的《跋涉》出版了以后，不但在北满，而且轰动了整个满洲文坛，受到了读者们潮水般的好评。"她还补充说道："悄吟的小说，在某一点来说，似乎有比三郎高出之处。"后来，在上海的时候，萧红的《生死场》与萧军的《八月的乡村》一同出版，鲁迅也曾说："手法的生动，《生死场》似乎比《八月的乡村》更觉得成熟些，在写作前途上看起来，萧红是更有希望的。"

然而，没过多久，"关于册子出了谣言：没收啦！日本宪兵队要逮捕啦！""逮捕可没有逮捕，没收是真的。送到书店去的书，没有几天就被禁止发卖。"

这册子就是《跋涉》，因它没有经过日伪方面的审查便私自出版，成了"非法刊物"。而且，《跋涉》中涉及一些反满抗日救国的内容。如萧红的《看风筝》，写的是共产党人刘成为了"把整个的心，整个的身体献给众人……为着农人，工人，为着这样的阶级而下过狱"。同时，他对父亲避而不见。但是，这仅是萧红小说的一小部分，萧红这类小说的一个特点是，她往往能逸出"革命文学"的范围，使小说具有永恒的艺术价值。正如鲁迅所说："我以为一切文艺固是宣传，而一切宣传却并非全是文艺。"萧红的小说如果在当时的读者看来，具有宣传作用，也是时代使然。如今，我们再去看《看风筝》这样的小说，注意到的是，她笔下描写的那位老人，即刘成的父亲。因为刘成总是为了

波西米亚玫瑰的灰烬

萧红传

革命事业而躲着父亲，小说中有这么一段：

> 老人又联想到女儿死的事情，工厂怎样的不给恤金，他
> 怎样的漂流到乡间，乡间更艰苦，他想到饿和冻的滋味。他
> 需要躺在他妈妈怀里哭诉。可是他去会见儿子。
>
> ……
>
> 老人追着他希望的梦，抬举他兴奋的腿，一心要去会见
> 儿子，其余的什么，他不能觉察。王大婶的男人跑了几步，
> 王大婶对他皱竖眼眉低声慌张地说：
>
> "那个人走了！抢着走了！"
>
> 老人还是追着他的梦向前走，向王大婶的篱笆走，老人
> 带着一颗充血的心来会见他的儿子。
>
> 刘成抢着走了！还不待他父亲走来他先跑了！他父亲充
> 了血的心给他摔碎了！他是一个野兽，是一条狼，一条没有
> 心肠的狼。

这样的描写，显然已不是什么"宣传"，它带给人的反思，
应是不容小觑的。

可是，这篇《看风筝》，竟被有些人读解为"中国现代文学
史上第一篇反映共产党为劳苦大众翻身求解放，不屈不挠，英勇
斗争的小说"。难怪，日伪政府也要查封这本册子。

册子带来了恐怖。恐怖使萧红对于家有些不安。她说："好
像箱子里面藏着什么使我和郎华犯罪的东西。……郎华从床底把
箱子拉出来，洋烛立在地板上，我们开始收拾了。弄了满地纸
片，什么犯罪的东西也没有。但不敢自信，怕书页里边夹着骂
'满洲国'的，或是骂什么的字迹，所以每册书都翻了一遍。一
切收拾好，箱子是空空洞洞的了。一张高尔基的照片，也把它烧
掉。大火炉烧得烤痛人的面。我烧得很快，日本宪兵就要来捉人

似的。"

萧军毕竟是武人，遇到这样的事情，更加沉得住气。夜里睡觉时，铁门震响了一下，萧红吓了一跳，萧军按住她的胸口说："不要怕，我们有什么呢？什么也没有。谣传不要太认真。他妈的，哪天捉去哪天算！睡吧，睡不足，明天要头疼的……"

路上，朋友问起，萧军也是说："没有什么。怕狼，怕虎是不行的。这年头只得碰上什么算什么……"

萧红认为："郎华是刚强的。"

不过，这个刚强的人，被人当作了"强盗"。

有一天，汪林的父亲来找萧军谈话，说是收到了一封"黑信"，信中说萧军打算绑他儿子的票。当时，二萧还住在汪家的院子里。之前是以家庭教师的身份住进来的，汪林对他们都还很热情。但是，这次事件之后，汪林的脸色也很不好看。不知有半月或更多的日子，孩子连他们窗下都不敢去，萧红猜他家的大人一定告诉过他："你老师是个底细不详的人……"

后来，恐怖又压到了星星剧团的头上。

剧团人之一徐志被逮捕了。平时一向都不缺席的他，试演的时候竟没有出现，后来才得知他已被捕一个礼拜了。另外，剧团人老柏也已经三天不敢回家，据说有密探等在他的门口，他在准备逃跑了。外面都传说剧团不是个好剧团。剧团人的面孔也都变白了，这种白色使人感到事件的严重性。萧红愈发感到恐怖。"回到家锁了门，又在收拾书箱，明知道没有什么可收拾的，但本能地要收拾。后来，也把那一些册子从过道拿到后面栈子房去。看到册子并不喜欢，反而感到累了！""好像从来未遇过的恶的传闻和事实，都在这时来到：日本宪兵队前夜捉去了谁，昨夜捉去了谁……昨天被捉去的人与剧团又有关系……"

剧团人员被捕去了两个，大家见到二萧，都劝他们应该预备预备逃跑的事。胖朋友黄之明常对萧军说："郎华，你走吧！我给你们对付点路费。我天天在××科里边听着问案子。皮鞭子打得那个响！哎，走吧！我想要是我的朋友也弄去……那声音可怎么听？我一看那行人，我就想到你……"

二萧也决定"非回国不可"。这里的"回国"，指的是离开哈尔滨到关里，即从伪满洲国南下。萧军1932年中秋节赠给萧红的诗里写道："浪儿无国亦无家，只是江头暂寄槎；结得鸳鸯眠便好，何关梦里路天涯。"正是当时的处境。他们开始向朋友打听："海上几月里浪小？海船是怎么个晕法？……"因为他们从未出过海，海船到底有多大，他们是不知道的。萧红写过他们曾为此事而吵架。当他们经过"万国车票公司"的窗前，会停下来看橱窗里立着的大船的图案，计算海船到底有多高。萧红说有六丈高，萧军说是二十三尺。萧红会反复地问："有那么高吗？没有吧！"萧军听了就生起气了。

老秦也打算走，他赶着做了两件新衣裳，预备以后进当铺可以多值几个钱。他听说二萧也要走，便一起商量怎样走法。当时主要担心的是"怕路上检查，怕路上盘问，到上海什么朋友也没有，又没有钱"。

萧红"在心上一想到走，好像一件兴奋的事，也好像一件伤心的事"，"眼泪已经充满着我了"。萧军仍是天不怕地不怕的样子，说："伤感什么，走去吧！有我在身边，走到哪里你也不要怕。哈尔滨也并不是家，流浪去吧！老悄，不要伤感。"

萧红垂下头问："家里的这些锅怎么办呢？"萧军说她，"真是小孩子，锅，碗又算得什么？"萧红也觉得自己好笑了，"在地上绕了个圈子，可是心中总有些悲哀，于是又垂下了头。"她想，"剧团的徐同志不是出来了吗？不是被灌了凉水吗？……一个人，被弄了去，灌凉水，打橡皮鞭子，那已经不成个人了。走吧，非走不可。"

筹备起来，还要再等上不到一个月的工夫，在这期间，萧红犯了一次重病。有天早上，"菜烧好，饭也烧好。吃过饭就要去江边，去公园。春天就要在头上飞，在心上过，然而我不能吃早饭了，肚子偶然疼起来。"不知为何，萧军请了一个治喉病的医生来，打了一角钱止痛针，却一点痛也不能止。一个星期过去，萧红还不能从床上坐起来。后来，有朋友告诉萧军，"在什么地方有一个市立的公共医院，为贫民而设，不收药费。"于是他们一起坐车过去，等了两个多钟头，萧红终于进了妇科治疗室。医生在她肚子上按了按，一边按着，一边问了两句，说的是俄文，萧红的俄文并不好，没有完全听懂医生的意思，只知第二天还要再去一趟。她出门后问过一个重病患者，那人抱怨医生不给药吃，说药贵，让自己去买，萧红以后就没有再去。萧军决定让她去乡间朋友那里休养几天。萧红本不愿意去，"那是郎华的意思，非去不可，又因为病像又要重似的，全身失去了力量，骨节酸痛。于是冒着雨，跟着朋友就到朋友家去。"

当夜，萧红感到"从骨节发出一种冷的滋味，发着疟疾似的，一刻热了，又寒了！"她详细描绘了当时的感受：

> 要解体的样子，我哭出来吧！没有妈妈哭向谁去？
>
> 第二天夜又是这样过的，第三夜又是这样过的。没有哭，不能哭，和一个害着病的猫儿一般，自己的痛苦自己担当着吧！整整是一个星期，都是用被子盖着坐在炕上，或是躺在炕上。
>
> 第八天郎华才来看我，好像父亲来了似的，好像母亲来了似的，我发羞一般的，没有和他打招呼，只是让他坐在我的近边。我明明知道生病是平常的事，谁能不生病呢？可是

总要酸心，眼泪虽然没有落下来，我却耐过一个长时间酸心的滋味。好像谁虐待了我一般。那样风雨的夜，那样忽寒忽热、独自幻想着的夜。

萧军第二次去看她，她决定要跟着回家。萧军说："你不能回家。回家你就要劳动，你的病非休息不可，还没有两个星期我们就得走。刚好起来再累病了，我可没有办法。"这里的"劳动"指的是做家务。萧军理想中的女性是"新贤妻良母"，即他所说的"自己觉得既能做贤妻良母，也有这兴味和需要；又能不废弃自己的事业——这当然更好了"。

但是，萧红坚持要回去，萧军生气了，斥责她为"没有理智的人"。就这样总共在乡间度过了十三天。

病缓和一些后，他们开始出卖家具给旧货商人。最后的一个星期，也不能在家里烧饭吃，便到外面去吃，到朋友家去吃。萧红"看到别人家的小锅，吃饭也不能安定"。

最后一天，屋子里仿佛"遭了恶祸一般"，空空的了。临走的时候，萧军说："走吧！"他推开了门。萧红回忆道：

> 这正像乍搬到这房子郎华说"进去吧"一样，门开着我出来了，我腿发抖，心往下沉坠，忍不住这从没有落下来的眼泪，是哭的时候了！应该流一流眼泪。
>
> 我没有回转一次头走出大门，别了家屋！街车，行人，小店铺，行人道旁的杨树。
>
> 转角了！
>
> 别了，"商市街"！

这一次"别了"，不单是离开二人的小家屋，也是第一次远远地离开生养自己的故乡。从此，一路向南。

他们留了一张影，算是正式告别了哈尔滨。

第六章　黄金时代

1 半年的天蓝

1934年6月12日，萧红与萧军悄然离开哈尔滨。他们打算与在青岛的舒群会合。

二萧先从哈尔滨乘火车到大连，然后在朋友家住了两天，他们买的是14日去青岛的三等船票。从大连上船，船名"大连丸"。因为当时的青岛还是由北洋军阀统治，许多从东北逃亡关内的人，都要从这里中转，因此进港盘查时甚严。二萧上船时也不可避免地要面临这道关卡。萧军在《大连丸上》一文中写下了这段经历：

> 还不等我们习惯习惯这舱底的气味，他们便围拢了来。
>
> 我和妻正准备摊开自己的行李。
>
> "你们到哪里去？"这是一个矮胖胖的人，他问我。他的背后另外还有四个人：一半是穿警察制服和挂着手枪；一半是平常的衣服。
>
> "到青岛去——"我心脏的跳动不平均了，虽然这检查早知道是不可避免的，可是一想到海的那岸就是可爱的祖国，一到了祖国便什么全得了救，只要这检查不要太烦难、太……那就好了。

他们和狗用嗅觉一样，用手和眼，在开始去接触我们的行李和我的周身。

妻的脸色白白地，病后的眼睛更显得扩大和不安。我们这好像开始在什么魔鬼的嘴里赌命运。

警察开始了盘问。萧军假称是与妻子新婚，请了长假回青岛看老人。对方看他怎么都不像是正经好人，于是把萧军叫到一边问讯了近一个钟头。这时，萧军想："只要他把我带到'水上警察署'，只要橡皮鞭子抽到我的身上，只要那煤油或辣椒水一注入我的鼻孔……便什么全完了！"他还想："这许把妻也一同带了去，这样也好哪！死，死在一起，坐监，监在一起……"当时，萧红那边问讯的人已经离开了，就剩下他这边还不让放行。警察命令他把东西都拿出来。萧军假装镇定地吃起了苹果。警察看搜不出什么，也就作罢。临出舱门，还频频回头看着萧军，其中有个人说："我总看他不像好人！"

通过盘查后，二萧站在甲板上，望着无边无际的大海，静默了一会儿，悄声交谈着。萧红是第一次见到大海。她曾在给弟弟的信中写道："可弟（张秀珂），我们都是自幼没有见过海的孩子，可是要沿着海往南下去了，海是生疏的，我们怕，但是也就上了海船，飘飘荡荡的，前边没有什么一定的目的，也就往前走了。"

一觉睡过去，第二天就可以到青岛了。舒群带着他的新婚妻子倪青华已等候在码头上。他们四人很快成了邻居，住在观象一路一号的一所石块垒成的二层小楼里。这里地理位置是很好的，左右两面都能看到大海。小楼朝着北面，有一座"信号山"，山上插满了各种形式、颜色的旗杆，不同的旗子升起降落，指挥着海面上来往的航船。在二萧的眼里，这是一个美丽的、安静的山

二萧与舒群的青岛故居

岛，他们满怀着"鸟一般的欢心，火一般的爱"住了下来。最初，他们在底层租了两个房间，一间由舒群夫妇居住，另一间由二萧居住。后来，萧军搬到了楼上的单间。

舒群和倪青华当时都是地下党员。倪青华的哥哥倪鲁平公开身份是青岛市政府劳动科科长，秘密身份则是中共青岛市委组织部部长，兼地下党机关刊物《磊报》主编，舒群也在这个报社工作。同时，中共青岛市委还有一个外围组织，即"荒岛书店"，并由此书店出面承租了《青岛晨报》作为新的外围组织。

舒群曾写信邀二萧一起到青岛，因为这层关系，萧军被安排到《青岛晨报》工作，任副刊主编。由此，二萧得以维持生活。他们还认识了好友张梅林。张梅林回忆："他们当时都有着以文学为事业的野心，并且都在下死劲写作着，因此相处得比别人更好，更投契。"的确，到青岛以后，萧军开始续写他在哈尔滨时期就已经着手的小说《八月的乡村》。萧红也计划写一部较长的小说，这就是后来在上海出版的成名作《生死场》。

当时，二萧为了写长篇，每天作息安排得很有规律。"每至

二萧在青岛樱花公园

夜阑人静，时相研讨，间有所争，亦时有所励也。"结果，萧红写得比萧军还快，这有些出乎萧军的意料。他说："这期间，我曾去上海一次，回来以后，她居然把这小说写成了，——这是1934年的9月9日。"

一直以来，萧军自称是萧红的"第一个读者，第一个商量者，第一个批评者和提意见者"。他把萧红的稿子从头看了一遍，建议她斟酌删改了一些字句，最后由萧红用薄棉纸复写了两份，以待寻找可能出版的机会。

除此之外，他们平常的生活也并不单调。

萧红除了写作以外，还要操持家务。梅林曾与他们一起到市场买菜。萧红做了拿手的俄式大菜汤，并用有柄的平底小锅烙油饼吃。梅林说他们吃得都很满足。

他们一块儿去葱郁的大学山、栈桥、海滨公园、中山公园、水族馆游玩，一边还唱着"太阳起来又落山哪"。萧红当时的装束仍是布旗袍，西式裤子，后跟磨去一半的破皮鞋，在梅林看来是"粗野得可以"。不过，这似乎不能影响萧红的心情。她不知从哪儿弄了一块天蓝色的绸子扎在辫子上。这天蓝色，和他们沉浸其中的浴场的海水一样，让人感到清新、自在。梅林曾回忆他们一起去游泳的事情，很有意思：

波西米亚玫瑰的灰烬

萧红传

在午后则把自己抛在汇泉海水浴场的蓝色大海里，大惊小怪的四处游泅着。悄吟在水淹到胸部的浅滩里，一手捏着鼻子，闭起眼睛，沉到水底下去，努力爬蹬了一阵，抬起头来，呛嗽着大声喊：

"是不是我已经泅得很远了？"

"一点儿也没有移动，"我说"看，要像三郎那样，球一样滚动在水面上。"

悄吟看了一看正在用最大的努力游向水架去的三郎，摇头批评道：

"他那种样子也不行，毫无游泳法则，只任蛮劲，拖泥带水地瞎冲一阵而已……我还有我自己的游法。"

她又捏着鼻子沉到水底下去。

这段文字，二萧的性情毕现。萧军曾说萧红"倔强有才能"。人们也总说萧红倔强，往往忽略了她在男性面前常怀着"对不住或软弱的心情"。这是一种性别上的弱势。她崇敬粗大的、宽宏的……所以，她很可能是真的爱过萧军。

但是，萧军对她可就不好说了，那到底是一种怎样的情感呢？

早在哈尔滨同居的两年多时光里，有迹可循的便有三段萧军与其他女人的暧昧关系。如《幻觉》中的玛丽、《夏夜》中的汪林，以及《一个南方的姑娘》中的陈涓。

关于汪林，是这样的：

最热的几天，差不多天天去洗澡，所以夜夜我早早睡。郎华和汪林就留在暗夜的院子里。

只要接近着床，我什么全忘了。汪林那红色的嘴，那少女的烦闷……夜夜我不知道郎华什么时候回屋来睡觉。就这样，我不知过了几天了。

"她对我要好，真是……少女们。"

"谁呢？"

"那你还不知道！"

"我还不知道。"我其实知道。

很穷的家庭教师，那样好看的有钱的女人竟向他要好了。

"我坦白地对她说了：我们不能够相爱的，一方面有吟，一方面我们彼此相差得太远……你沉静点吧……"他告诉我。

又要到江上去摇船。那天又多了三个人，汪林也在内。一共是六个人：陈成和他的女人，郎华和我，汪林，还有那个编辑朋友。

后来，汪林竟和那个编辑朋友在一起了。

萧军曾经写过一篇题为《女人》的文章，说的是"我"被一个女人诱惑，并诱惑了这个女人。"无可怀疑的，我是诱惑了她。我充满着一种自私欢喜和残忍，我觉得到应该不断地破碎了她的矜持。至于为什么要这样作，自己也不知道是基于何种的起因。"当这个受了诱惑的女人，请"我"到屋里去时。"我"却反问道："这是什么意思呢？太太！"女人接着说道："请到屋里坐坐无妨的！""我"却说："那么明天不好吗……"屋里暂时没有答复的声音。"我"知道她的儿子睡了。最终，"我"没有走进屋去。

这个女人，当然不会是汪林。只是觉得这样两件事情，有些隐在的关联。把它们放在一起，可以作为一个参考。

至于陈涓，她在萧红眼里是一个"美人似的人"。"她很漂亮，很素净，脸上不涂粉，头发没有卷起来，只是扎了一条红绸带，这更显得特别风味，又美又干净。"当时，陈涓才十六岁，一位少女。

1933年下半年，陈涓独自来到哈尔滨，并由堂哥照顾。一天，她与堂哥的一位朋友同逛百货商店，无意中发现了一本题为《跋涉》的册子，她觉得"三郎"这个名字很特别，还以为是日本人。堂哥的朋友说："这是中国人写的，而且我还认识这个人"，并决定带陈涓去见二萧。如此，她走进了萧军的视野。

萧红在《一个南方的姑娘》里并没有直接表达自己的情感，但是看得出她对陈涓有所猜疑，她如是写道：

> ……她渐渐对郎华比对我更熟，她给郎华写信了，虽然常见，但是要写信的。
>
> 又过些日子，程女士要在我们这里吃面条，我到厨房去调面条。
>
> "……喳……喳……"等我走进屋，他们又在谈别的了！
>
> 女士只吃一小碗面就说："饱了。"
>
> 我看她近些日子更黑一点，好像她的"愁"更多了！她不仅仅是"愁"，因为愁并不兴奋，可是程女士有点兴奋。我忙着收拾家具，她走时我没有送她，郎华送她出门。
>
> 我听得清楚楚的是在门口："有信吗？"
>
> 或者不是这么说，总之跟着一声"喳喳"之后，郎华很响的："没有。"
>
> 又过了些日子，程女士就不常来了，大概是她怕见我。
>
> 程女士要回南方，她到我们这里来辞行，有我做障碍，她没有把要诉说出来的"愁"尽量诉说给郎华。她终于带着

"愁"回南方去了。

陈涓离开后，萧军在一篇题为《漫记》的文章中为她发了一大通议论，整篇都在为她打抱不平，却不说是为了什么事情。听他的口气，仿佛陈涓受到了极大的委屈。比如："莫名其妙的难舍，牢牢地在她古井似的心波中动落着，虽然她是深恨哈尔滨，但，归根结底，她不能承认哈尔滨就没有她所流连的地方。至少，这人间的假面具已使她傻孩般的人吓得三魂去了两个……也许她走的人生道途是不正确？但那时因为她是一个野孩，天真无邪的野孩，没有受过名媛，闺秀，礼教的薰养……谁知兔在笑她傻，狗在嘲她笨，狐在骂她是痴子，狼想吃她这个疯子……"貌似陈涓在哈尔滨只待了几个月，到底是什么事情，竟让萧军如此为她辩护，我们已不得而知。据后来陈涓自己说："渐渐地我也从她（萧红）那掩饰的眼光中间觉察了些什么来。是的，她憎嫌我，她对我感到不耐烦……"为了消除萧红的疑虑，她故意带了一个男生上门，并谎称是自己的男朋友。

这些发生在哈尔滨的小插曲，如今看来，仍有些捕风捉影的成分，并没有过分影响到萧红的心情。据舒群晚年回忆说："萧红的一生最快乐的是青岛。两人的关系很单纯。夫妻关系巩固，完美，相亲相爱，互相帮助，生活压力小，前途曙光大……"

2　两只土拨鼠似的来到了上海

在青岛的时候，萧军为何会想到给鲁迅写信呢？

据说，他之前去了一趟上海，就是想与鲁迅取得联系。但是，这种说法不大可靠。因为当时二萧的长篇小说还没有完成，他们贸然地去见鲁迅，恐怕不是明智之举。因为谁都知道，"鲁迅先生最憎恶没有工作表现而靠'关系'成为文学家的人"。所以，与鲁迅取得联系的想法，应该是起于萧红写完《生死场》以后。这时，萧军《八月的乡村》也快完成了。萧军说他们当时不能确切地知道自己的小说"所取的题材，要表现的主题积极性与当前革命文学运动的主流是否合拍"。

但这也许只是萧军的想法。他总是很自觉地代表萧红发言。

因为萧军的文学观是首先对社会有用，其次才是艺术价值和思想价值。通过萧红的作品来看，她写作时绝不可能老是想着有用还是没用。即使是萧军，他的很多文章都是用来换稿费的，这或许也是另一种形式的"有用"吧。而且，萧军的习性是"除非必要（例如校改等类）"，他是"很少、也可说极不愿意读自己的文章的"。怪不得他写下了那么多混乱的文字。光是萧军日记里就有许多"自黑"，恐怕是连他自己都给忘了。

由于了解鲁迅当时在文坛的地位，并听说他很注意年轻人，萧军便也像当时的许多青年一样，存着与鲁迅取得联系的心。正巧有一次，他和一位朋友闲谈。这位朋友是荒岛书店的负责人，名叫孙乐文。孙是去过上海的，他对萧军说曾经在上海的内山书店见过鲁迅先生。内山书店是鲁迅晚年在上海的重要活动场所，也是他与外界取得联系的一个地方，由日本友人内山完造开设。鲁迅常来此书店购书、会客，并一度在此避难。

萧军得知把信寄到内山书店，就能转给鲁迅，他决定试试看。孙乐文建议他把发件地址写为荒山书店，且不要用真实的姓名。这样一来，万一被发现，出了什么问题，也好推脱。作为书店的负责人，他也准备好一套说辞，即他也不知道具体情况，也许是顾客没有经过他的同意，擅自使用了书店的地址。如此，三方都比较保险。

萧军说"我同意他这主意，就冒险地给鲁迅先生写了第一封信。当时，对于鲁迅先生是否能收到这封信，以及是否能收得回信，是没有把握的……"

萧军不觉得"冒昧"，倒是觉得"冒险"。

从鲁迅先生给萧军的第一封回信，便可知道萧军这封信是怎么写的。

萧军先生：

给我的信是收到的。徐玉诺的名字我很熟，但好像没有见过他，因为他是做诗的，我却不留心诗，所以未必会见面。现在久不见他的作品，不知道哪里去了？

来信的两个问题的答复——

一、不必问现在要什么，只要问自己能做什么。现在需要的是斗争的文学，如果作者是一个斗争者，那么，无论他写什么，写出来的东西一定是斗争的。就是写咖啡馆跳舞场吧，少爷们和革命者的作品，也决不会一样。

二、我可以看一看的，但恐怕没工夫和本领来批评。稿可寄"上海北四川路底内山书店转周豫才收"，最好是挂号，以免遗失。

我的那一本《野草》，技术并不算坏，但心情太颓唐了，因为那是我碰了许多钉子之后写出来的。我希望你脱离这种颓唐心情的影响。

专此布复，即颂时绥

迅上

十月九夜

同时，鲁迅在10月9日的日记中写道："得萧军信，即复。"

萧军后来在《鲁迅给萧军萧红信简注释录》中说："读者

可能体会得到，也可能体会不到，我们在那样的时代，那样的处境，那样的思想和心情的状况中而得到了先生的复信，如果形象一点说，就如久久生活于凄风苦雨、阴云漠漠的季节中，忽然从腾腾滚滚的阴云缝隙中间，闪射出一缕金色的阳光，这是希望，这是生命的源泉！又如航行在茫茫无际夜海上的一叶孤舟，既看不到正确的航向，也没有可以安全停泊的地方……鲁迅先生这封信犹如从什么远远的方向照射过来的一线灯塔上的灯光，它使我们辨清了应该前进的航向，也增添了我们继续奋勇向前划行的新的力量！"

可以想象，他们当时将鲁迅先生的复信捧在手上读了又读的情景。

信中提到的"我可以看一看的"指的是萧红的《生死场》及他们之前在哈尔滨出版的《跋涉》。萧军接到信后，及时地把这两部稿子，附了一封信寄去了上海。

为了让鲁迅先生对他们有更多的了解，萧军随信附了一张照片，就是他们离开哈尔滨时拍的"美丽照"。这张照片中的萧红，少了许多哀苦，多了一些沉静的气质。萧军的穿着在当时来说是很时髦的装束，衬衫上绣着花，腰间系一根带子。萧红穿的是斜纹旗袍，梳两条短辫，一边扎一朵淡紫色的蝴蝶结。这在萧红之前的照片中，算是比较正式的一枚。

这张照片曾被哈尔滨一家名为《凤凰》的文学杂志作为封面。萧军收到朋友特意从哈尔滨寄来的这份杂志，并说："我们竟像当时的电影明星似的出了一次'风头'。"

1934年10月28日，鲁迅日记中载有："午后得萧军信并稿"。这是他们第二次通信。

不幸的是，萧军那边刚寄出稿和信后，他所工作的报社就出了问题。

二萧离开哈尔滨时拍的"美丽照"

舒群夫妇及倪鲁平一起被捕。当天,他们正在倪母家过中秋节。由于国民党特务潜入了中共组织内部,他们被出卖了。在国民党蓝衣社的一次大搜捕中,他们都未能幸免。不久,中共青岛市委书记高嵩等人也相继被捕,青岛地下党组织遭到严重破坏。

据说,舒群曾邀二萧一起过节。萧军有事没去成,逃过一劫。可是,作为中共的外围组织,《青岛晨报》自然也受到威胁。萧军作为副刊主编,处境不容乐观。

二萧当时并没有加入共产党,也不是左翼作家联盟的成员,可说是无党无派。这一点对他们日后能够见到鲁迅,起到了很大的作用。这都是后话。

当时,萧军面临的是《青岛晨报》随时可能停刊的事实,这也就意味着他将失去职业。而舒群等人被抓捕入狱,何时能被释放,在当时看来,是未可知的。如果继续待在青岛,将面临重重的困难与束缚。

他们计划一起离开青岛。拍卖家具的事情又发生了。张梅林回忆说:

> 我同三郎悄吟一直将报纸维持到月尾。我们穷得可以,将离开青岛那一天,悄吟同我将报社里的两三副木板床带木凳,载在一架独轮车上去拍卖。我说:
> "木床之类,我们还是不要吧?"
> "怎么不要?这至少可卖它十块八块钱。"悄吟睁着大

眼睛说："就是门窗能拆下也好卖的。——管它呢。"

她大摇大摆地跟在独轮车后面，蹬着磨去一半后跟的破皮鞋。

我们是借张梅林的眼睛，看到这幕场景，难以揣测萧红当时是什么心情。

11月1日，二萧与张梅林乘坐"共同丸"离开青岛，他们"同咸鱼包粉条杂货一道，席地而坐，到上海去"。次日抵达上海。

用张梅林的话说，他们"到了人间的天堂同时又是人间地狱的上海"。

他们先找到一家廉价的客栈住下来，然后再分头去找朋友或租房子。

二萧在拉都路的尽头租到了房子。这是一个近似郊外贫民区的地方。窗外是一片绿色的菜园。不知道为什么，在张梅林的眼里，萧红总是一副很有生气的样子。他记录了参观二萧新居时的一段对话：

> 我探头向窗外一看，一派绿色的菜园映进眼帘。我赞美道：
>
> "你们这里倒不错啊，有美丽的花园呢。"
>
> 悄吟手里拿了一块抹布，左手向腰里一撑，用着假装的庄严声调说："是不是还有点诗意？"
>
> 我看一看她的伪装的脸色和傲视的清澈大眼睛，又看一看三郎的闭着的嘴唇，那边沿几根相同汗毛的黄胡子在颤动着，终于三个人爆发出大笑声。
>
> "眼前没有一些自然景色，"三郎说："是很难写作的。"

"那么，你就对窗外的花园做诗罢。"

"这应该由先发现它的诗意的人去写一首诗。"

"你别以为我不会写诗！"悄吟站在三郎面前咆哮道，"过几天我就写两首给你看！"

"嘿，你好凶呀，"三郎侧着头忍住笑声，"早晨吃过几块油饼的关系吗？"

竟然是"咆哮道"，有点不可思议。突然觉得，很多作家都会犯一个毛病，就是过分渲染、夸张。骆宾基之前也是这样。萧红也会渲染，有时也会夸张，比如形容一个人喝水，就像是吞着整块的玻璃。可是，她带给人的感觉，仍是真实无比。

导演田沁鑫曾说："她（萧红）写许广平先生，就是许广平一天的记录：鲁迅先生病的时候，许广平先生多么不容易，又接孩子，又洗衣服，又做中午饭，又打毛衣……结尾是有人来串门，说了一句'鲁迅先生这次病得不轻啊'，许广平先生哭了——这句太对了。好不好咱们不说，它比较对。所以我就做了（话剧）《生死场》。"

这里的"比较对"、"太对了"都是对萧红写作的评价。看起来是一个简单的标准，做起来是不大容易的。一切美妙，恐怕都需要建立在这个"对"的基础上。这个"对"指的不是敌我两立、黑白分明的所谓立场，而是准确。

并不是说萧红不会"咆哮"，在人们的印象中，她从来就不是淑女。试想，跟着一个强盗般灵魂的人在一起，那是什么感觉？难免也会咆哮几声吧？但此处用"咆哮道"，似乎并不大对。在渲染、夸张方面，张梅林还不算太严重的。如果使用过分的话，真的会遭人讨厌。

安顿下来后，萧军于11月3日给鲁迅写了一封信。第二天，便收到先生的回信。

刘先生：

来信当天收到。先前的信，书本，稿子，也都收到的，并无遗失，我看没有人截去。

见面的事，我以为可以从缓，因为布置约会的种种事，颇为麻烦，待到有必要时再说吧。

专此布复，即颂时绥

迅上

十一月三日

令夫人均此致候

这次的回信又是"即复"。从这一点可以看出，鲁迅先生确是对青年关爱有加的，他有意识地把希望寄托在青年身上。据胡风回忆所言，翻译家韩侍桁20年代末就和鲁迅通信投稿，鲁迅尽力帮助过他。后来回上海，他还是依靠鲁迅，竟至要鲁迅帮他买壮阳药，且说他自己不好去买，给人知道了名誉不好。胡风补充说道："这当然是最坏的例子，但可以肯定不是唯一的例子。"

不过，鲁迅对于见面的事情，还是很谨慎的。

萧军回忆当时的心情说："我们是两只土拨鼠似的来到了上海！认识谁呢？谁是我们的朋友？连天看起来也是生疏的！我本要用我们余下的十八元五角钱做路费开始再去当兵，在上海卖文章的梦，早就不做了，只是想把我们写下的两部稿子留给他（鲁迅），随他怎么处置。不过在临行之先，我们是要见一见我们精神上所信赖的人，谁又知在这里连见一个面也还是这样艰难！"

3 鸿雁信

听说鲁迅得了脑膜炎，并且医生叫他十年不要写作？

早在哈尔滨时期，萧军就在报纸上看到了这则消息。如今，身临上海，他想亲自向鲁迅先生证实一下，并询问他是否需要在东三省的报纸上更正。萧军于11月4日给鲁迅写信，询问此事，以表关心。

鲁迅又是"即复"，说他也听说东三省的报上，说他生了脑膜炎，并颇为幽默地解释道，"其实如果生了脑膜炎，十中九死，即不死，也大抵成为白痴，虽生犹死了。这信息是从上海去的，完全是上海的所谓'文学家'造出来的谣言。它给我的损失，是远处的朋友忧愁不算外，使我写了几十封更正信。"

信末，鲁迅先生还嘱咐萧军："上海有一批'文学家'，阴险得很，非小心不可。你们如在上海日子多，我想我们是有看见的机会的。"

二萧初识上海文坛，得到的就是这些提醒。他们当时非常想了解"左翼"文学运动的情况。于是，又于11月7日给鲁迅先生写了一封信，信中提出了"九大问题"。

在11月初这段时间里，二萧与鲁迅的信件来往比较频繁。之前的几封信，都是以萧军的名义写的。直到7日这

鲁迅致二萧的信简手稿

波西米亚玫瑰的灰烬

萧红传

封，萧红才参与到写信中来。大概是因为之前鲁迅先生的回信，信末称萧红为"令夫人"、"吟女士"，令她觉得与自己的"身份"很不搭配，于是表示抗议。萧军也跟着起哄，说鲁迅年龄既大于自己，为何还称呼自己为"先生"呢？于是也表示抗议。

类似的抗议，许广平也曾在书信中对鲁迅使用过的。这近于天真，也有些捣乱、撒娇的意味。

有意思的是，鲁迅先生很认真地回答了他们的"抗议"和"九大问题"。

这回，信头的称呼改成了"刘、悄两位先生"，之前都是"萧军先生"或"刘先生"。

他首先回答了称呼问题："中国的许多话，要推敲起来，不能用的多得很，不过因为用滥了，意义变成含糊，所以也就这么敷衍过去。不错，先生二字，照字面讲，是生在较先的人，但如这么认真，则即使同年的人，叫起来也得先问生日，非常不便了。对于女性的称呼更没有适当的，悄女士在提出抗议，但叫我怎么写呢？悄婶子，悄姊姊，悄妹妹，悄侄女……都并不好，所以我想，还是夫人太太，或女士先生罢。现在也有不用称呼的，因为这是无政府主义者式，所以我不用。"

可以想象，萧红看到这样的一封信，定是要笑出声来。

另外"九大问题"，鲁迅倒是都一一详答了，这里不一一详说，只挑出其中的两个问题。一是萧军问鲁迅："写完稿子应该采取怎样的办法？"先生的回答是："难说。我想，最好是抄完后暂且不看，搁起来，搁一两月再看。"二是"我问他，就他所接触过的人们之中，究竟青年人较好些，还是老年人较好些？青年人的'稚气'和'不安定'是否算'毛病'？"先生的回答是："也难说。青年两字，是不能包括一类人的，好的有，坏的也有。但我觉得虽是青年，稚气和不安定的并不多，我所遇见的倒十之七八是少年老成的，城府也深，我大抵不和这种人来往。"

如此鸿雁往来，带给二萧不少快乐。等待鲁迅先生的来信，便成了他们那时每天生活中唯一的希望和期待。

忽然，鲁迅先生生起病来。他在11月17日的回信上写道："十三日的信，早收到了，到今天才答复。其实是我已经病了十来天，一天中能做事的力气很有限，所以许多事情都拖下来，不过现在大约要好起来了，全体都已请医生查过，他说我要死的样子……"

二萧看到这里，简直吓了一跳，"要死的样子"！鲁迅怎么能就这样死了呢？他们怀着惴惴不安的心情往下读去，才发现原来是"要死的样子一点也没有……"萧军在这封信的注释中说，萧红当时"一面拍着她的小瘦手，一面竟流出了眼泪来"！

此外，从萧军的注释中还可知道，萧军有跟鲁迅提过希望"他给找一点什么临时工干干，好维持生活"，并"觍颜"向鲁迅先生暂借二十元钱。先生的答复是："工作难找，因为我没有和别人交际。"至于二十元钱，"我可以预备着的，不成问题"。先生还特别体贴地说道："生长北方的人，住上海真难惯，不但房子像鸽子笼，而且笼子的租价也真贵，真是连吸空气也要钱。"当时，二萧住的是亭子间，可说是石库门房子里最差的一类。萧军倒"觉得还满意"。原因有两点："第一，这是个南北方向长形的较大的亭子间，它是单独存在的和前楼不发生关系；第二，它有个单独的侧门可以直接出进，不必经行那家店铺。""缺点是南面没有采光的窗口，东面是有两处窗口。"

他们平时吃的是白水煮面片，油是没有的。萧军说："过不了几天，我的大便开始干燥起来了，夜间常常要在那阴寒的便所里蹲上半个以至一个钟头——也不能够保证顺利地排泄出来——

这确是给与我很大的痛苦和麻烦！"

除此之外，他也记叙了这段亭子间生活中发生的"几件有意义的大事"。

一是萧军把《八月的乡村》底稿初步删改完了。萧红则"不畏冬季没有炉火，没有阳光，水门汀铺地的亭子间的阴凉，披着大衣，流着清鼻涕，时时搓着冷僵的手指，终于把《八月的乡村》给复写完了！……为了复写要使用日本制的'美浓纸'……最后一次买纸，实在没钱了，只好把萧红的一件旧毛衣拿去押当了七角钱……"

二是每次收到鲁迅来信，他们便把信带着，花六个铜板买两包花生米，一面共同读着信，一面慢慢散着步，吃着花生米。这就是他们当时穷困生活中唯一的乐趣。

终于，1934年11月20日，接到鲁迅的第六封回信，信上表示了月底可以见面的意思。二萧高兴极了，不过"为了猜测相见时候的各种情景，我和萧红还要常常'认真'地发生争执一番，而且'各执己见'，互不让步，几乎失掉了一对成年人应有的自制，完全变成了一对'孩子'，任凭各自的感情驰骋着！"

果然，下一封信，鲁迅便告知他们见面地点，竟是这样温和的语气："本月三十日（星期五）午后两点钟，你们两位可以到书店里来一趟吗？小说如已抄好，也就带来，我当在那里等候。那书店，坐第一路电车可到。就是坐到终点（靶子场）下车，往回走，三四十步就到了……"这里的小说，指的是《八月的乡村》。事实上，萧军早已去过两次内山书店，他知道该怎么走。

难怪萧红曾经问鲁迅："你对青年们的感情，是父性的呢，还是母性的呢？"鲁迅沉吟了片刻，说道："我想，我对青年的态度，是'母性'的吧。"

萧军有一次在给鲁迅先生的信中，谈起了列宁和高尔基的区别。他说："他们两人对人民的'爱'，前者是属于父性的，近于严；后者近于慈，属于母性的。前者理胜于情，后者情胜于理，——就容易流于姑息。"同时，他问鲁迅是属于哪一型的，鲁迅回信说："使我自己说起来，我大约是'姑息'的一方面，但我知道若在战斗的时候，非常有害，所以应该改正。不过这和'判断力'大有关系，力强，所做便不错，力一弱，即容易陷于怀疑，什么也不能做了。'父爱'也一样的，倘不加以判断，一味从严，也可以冤死了好子弟。"

4　三个小奴隶

1934年11月30日，二萧终于在内山书店里见到鲁迅。

鲁迅先到一步，坐在书店的柜台里面，整理摊在桌上的一些信件和书物，一面跟旁边的人说着日本话，书店的老板内山也在其侧。

内山书店

二萧走进书店后，鲁迅很快把他们认出来了。因为他们寄过照片，穿着打扮也与当时的上海人有所不同。于是，鲁迅主动走到萧军面前，问道："您是刘先生吗？"得到肯定的答复后，他说了一句"跟我来吧"，便把之前的信件、书物很快地打包进一个紫色底、白色花的日式包袱皮里，随即夹在腋下，走出了书店。二萧保持了一定的距离默默地跟在鲁迅后面。萧军注意到，鲁迅走起路来是很利落而迅速的。当天，鲁迅先生"没戴帽子，也没围围巾，只穿了一件瘦瘦的短长袍，窄裤管藏青色的西服裤子，一双黑色的橡胶底的网球鞋……"只是他们没有想到，周先生比他们想象的要老一些。

二萧见到先生都有些激动，不知为何鼻子酸酸的只是想哭。

他们跟着鲁迅走进了一家咖啡馆。一个秃头的胖胖的外国人很熟识地与鲁迅打了招呼，鲁迅便挑了靠近门边的一处位置坐下。这里的椅子靠背都特别高耸，邻座之间都望不到对方。鲁迅告诉他们，这家咖啡馆是以后面的舞场为生的，所以白天里没有什么客人，更没有什么中国客人，所以他常在这个地方与人会面聊天。很快，侍者送来了三杯咖啡和一些点心。萧红先开口说话了，她见许广平和海婴还没有来，便问："怎么，许先生不来吗？"

鲁迅说："他们就来的。"他说的是浙江式的普通话，这让萧红感到有些新奇，瞪大眼睛望着鲁迅。这时，有一个叽里咕噜说着上海话的小男孩跑到了他们跟前，在他身后的是微笑着的许广平。鲁迅简单地为他们作了介绍："这是刘先生，张先生；这是Miss许……"他们相互握了握手。当时，萧军注意了一下萧红，发现她一面微笑着，一面"两堆泪水竟浮上了她的眼睛"。

这是第一次会见，二萧谈了自己从哈尔滨出走的缘故，在青岛的情况以及为什么来到上海……鲁迅也更加详细地谈了他们信中曾经提过的问题，比如"上海国民党反动派对于左翼团体和作家们的压迫、逮捕、杀戮……的情况，左翼内部不团结的现象……等等"。

听到这些，萧军抑制不住自己的激动，对鲁迅说道："我们不能像一头驯顺的羊似的，随便他们要杀就杀，要抓就抓……我们每人准备一支手枪，一把尖刀罢！"

鲁迅显出有些惊讶的表情，问道："这是要做什么？"

萧军解释道："他们来了，我们就对付他，弄死一个够本，弄死两个，或者更多，算利息！总比白白地让他们弄去强……"——拼命"三郎"在兜售他的"拼命哲学"。

鲁迅笑了，显然他并不赞成这种做法。他向来主张"壕堑战"，即"战斗当首先守住营垒，若专一冲锋，而反遭覆灭，乃无谋之勇，非真勇也"。他对于青年所苦劝的，也是反对他们赤膊上阵，去做不必要的牺牲。

之前已提及，由于二萧无党无派，在鲁迅看来，反而是很干净的身份，与他们交往，便少了许多防备。所以，即使萧军说这样的傻话，也并不会得到鲁迅的反感。

他们继续交谈着。临别之前，鲁迅把一个信封放在了桌子上，说："这是你们所需要的……"萧军猜到里面是二十元钱。尽管如此，"由于回去的坐车的零钱没有了，我仍然坦率地说给他，他由衣角掏出了大小银角子和铜板放在了桌子上……"

第一次与鲁迅一家会面后，二萧与鲁迅仍保持着书信来往。会面之后的第一封信写得很长。鲁迅开头说："我知道我们见面之后，是会使你们悲哀的，我想，你们单看我的文章，不会料到我已这么衰老……"从这封信可以看出，鲁迅当时还是有些"寂寞"的心情，原因是"在中国，则单是为了生活，或是一些无聊的事情，就会花去许多力气。最可怕的是自己营垒里的蛀虫，许多事都败在他们手里"。鲁迅受到这方面的打击太多了，不免感到有些寂寞。但鲁迅表示仍然愿意像以前一样，"虽然现在精力不及先前了，也因学问所限，不能慰青年们的渴望，然而我毫无退缩之意"。

鲁迅一家三口

萧军与萧红

鲁迅说到做到。他"慰青年们的渴望"，从最早登上文坛就开始了，《呐喊·自序》里已说得很明白。

随着时间的推移，二萧与鲁迅的关系有了更进一步的发展。

《鲁迅日记》12月17日记："下午寄……萧军夫妇信"，邀他们于19日下午6时，在梁园豫菜馆吃饭，另外还有几个朋友，都是可以随便聊天的。

18日，"往梁园豫菜馆定菜"。19日，"晚在梁园邀客饭，谷非夫妇未至，到者萧军夫妇、耳耶夫妇、阿紫、仲方及广平、海婴"。

这次赴宴前，萧红"几乎是不吃、不喝、不停、不休地"给萧军赶制了一件黑白小方格花纹的礼服。萧军感到惊讶，不仅因为她缝制的速度快，而且穿起来竟然完全合身。他难得对萧红表现出"服从"，像一个听从口令的士兵似的，遵照萧红的嘱咐，扎上小皮带，围上绸围巾，还按"步兵操典"走起了方步，然后望着萧红。萧红从正面、侧面、后面把萧军观摩了一遍，忽然他们的四条视线相遇了——"她竟像一只麻雀似的跳跃着扑向我的身前来……我们紧紧地全企图要把对方消灭了似的……相互地拥抱得几乎是要溶解成为一体了！"这一刻，萧军对萧红是满意的，他说，他感到了爱情生活方面的"充实而饱满"。

就这样，他们一起按时到了梁园豫菜馆，结果大家都已到齐了，他们成了"最末的客人"。席上，他们见到了聂绀弩夫妇、叶紫和茅盾（即鲁迅说的"耳耶夫妇、阿紫、仲方"）。许广平当时见到萧红，表现出非常热情的样子，仿佛多年不见的故友一般，竟一臂把她搂抱了过去，还带她走向了另外一个房间，也不知干什么，过了大约十几分钟才出来。

这次宴会本来是借着给胡风的儿子做满月才办的，可是，胡风的妻子梅志后来回忆说是转信的妹妹将请柬送迟了，所以没能

波西米亚玫瑰的灰烬
萧红传

如期赴宴。鲁迅日记里提到的未至的"谷非夫妇"，指的就是胡风和梅志。

快七点了，鲁迅决定不再等了，宣布开饭，让服务员上菜。这时，许广平补了一句："他们这里的生意好，是希望饭客们快吃、快走的，好腾空房间……"也不知她为何要说这样一句，萧军说许广平"微笑着似乎代菜馆'抱歉'似地解释着……"

之前，二萧不知从哪儿听来的传言，说鲁迅夫人是个交际花。真不知该如何理解这个"交际花"，若说相貌打扮，许广平还不至于让人产生这种联想；若说待人接物，恐怕她还是有一套自己的东西。

吃饭的时候，鲁迅开始介绍在场的客人，他指着茅盾，并不说出他的名字，只说："这是我们一道开店的老板……"显然，在座的其他客人都认识这位"老板"，他们会心地笑着。只有二萧还不知道，只觉得其他人之间的谈话仿佛用的都是"隐语"。他们知道，在当时的政治环境下，不能随意暴露自己的身份。那个"开店的老板"想必是有些来头的。萧军已经把在座的人都观察了一遍，也不便多问，于是埋头吃饭。不过，他注意到聂绀弩总是往自己的夫人碗里夹菜，于是也学着聂的样子，开始往萧红的碗里夹她不容易或不好意思挟取的菜。这却让萧红感到不好意思了，暗暗地用手在桌下制止着萧军。平时并不是这样，突然如此，便有些难以适应。

大约快九点钟，宴会才结束。叶紫把自己的住址写给了萧军，萧军也把地址写给了他。其余的人就没有这样做。叶紫成了二萧在上海作家群中最早熟悉的人，而且也是鲁迅请他为二萧做"向导"的。这次宴会，算是鲁迅对二萧的特别照顾。此后，萧红与聂绀弩建立了非凡的友谊，并在流亡香港时与茅盾保持着联系。他们渐渐认识了更多的文坛朋友。

后来，叶紫、萧红和萧军，经过鲁迅先生的"批准"，一起成立了"奴隶社"，出版了自费印刷的"奴隶丛书"。他们当时被戏称为"三个小奴隶"，而"奴隶丛书"包括叶紫的《丰收》、萧军的《八月的乡村》以及萧红的《生死场》。奴隶社"小启"由萧军撰文（载上海1935年8月《八月的乡村》荣光书局初版本）：

> 我们陷在"奴隶"和"准奴隶"这样地位，最低我们也应该作一点奴隶的呼喊，尽所有的力量，所有的忍耐。——"奴隶丛书"的名称，便是这样被我们想出来的。
>
> 第一册是叶紫的《丰收》。
>
> 第二册便是田军的《八月的乡村》。
>
> 第三册……我们也正在准备着，以至若干册……

奴隶社

这套丛书中，萧红的《生死场》并不是与另外两本同时出版的。这部书稿，早在1934年10月28日就寄到了鲁迅的案边。据说，12月有出版社愿意付印，可是，稿子呈到书报检查委员会后，搁了半年多，结果是不让印。1935年8月24日，鲁迅在信中说"悄吟太太的稿子退回来了……拟交胡，拿到《妇女生活》去看看，倘登不出，就只好搁起来了"。

谁料《妇女生活》也登不出。他们终于决定自费印行。从鲁迅1935年10月20日写给二萧的信中可以得知，这部书稿准备付印，并取名"生死场"。萧军在信简注释中说："《生死场》这书名也经过一番争论，最后好像是胡风给想定的。"这篇注释写于1948年9月30日夜。

另外，萧军在回忆录中又说："这小说的名称也是费了一番心思在思索、研究了一番，最后还是由我代她确定下来，定名为

《生死场》。因为文中有如下的几句话：'在乡村，人和动物一起忙着生，忙着死……'还有：'大片的村庄，生死轮回着和十年前一样……'"这本回忆录大概写于1947年左右，比信简注释早些。不知是记忆出现错误，还是其他原因，萧军一会儿说是自己定的，一会儿说是胡风给想定的。

或许是这样。胡风想出了这个书名，鲁迅写信也说这个"名目很好"，萧军便自作主张地"代她确定下来"。

不管怎样，这本《生死场》总算是出版了。1935年11月14日，鲁迅"在灯下再看完了《生死场》"，并为之作序。序中说："这自然不过是略图，叙事和写景，胜于人物的描写，然而北方人民的对于生的坚强，对于死的挣扎，却往往已经力透纸背；女性作者的细致的观察和越轨的笔致，又增加了不少明丽和新鲜。精神是健全的，就是深恶文艺和功利有关的人，如果看起来，他不幸得很，他也难免不能毫无所得。"胡风也为此书作了读后记。

12月中，《生死场》作为"奴隶丛书之三"，以"容光书局"之名自费印行，署名"萧红"，第一次使用了"萧红"这个笔名。

许广平曾说："《八月的乡村》和《生死场》。这两部作品的出现，无疑地给上海文坛一个不小的新奇与惊动，因为是那么雄厚和坚定，是血淋淋的现实缩影。而手法的生动，《生死场》似乎比《八月的乡村》更觉得成熟些。每逢和朋友谈起，总听到鲁迅先生的推荐，认为在写作前途上看起来，萧红先生是更有希望的。"

5 成名

整个1935年，萧红几乎没有什么发表文章的机会。仅于3月，在鲁迅的推荐下，发表了一篇散文《小六》，讲的是一个不幸的家庭，男人任意打骂女人，常说："要你也过日子，不要你也过日子……"同时女人被搬家逼得快疯了。在此期间，萧红自己也搬了至少两次家，一次是1935年1月初，从拉都路北段搬到了拉都路南段。鲁迅还来信笑说："……知道已经搬了房子，好极好极，但搬来搬去，不出拉都路，……有大草地可看，要算新年幸福……"

不过，萧红并没有停止写作，她从3月中旬开始写《商市街》，一直写到了5月15日，总共写了41篇。

直到1935年底，《生死场》出版后，萧红才算是震动了一下上海文坛——"在当时的上海文坛不但站住了，还成了有名的新秀。"书出来后，胡风还让梅志多看一看，并说："这是有着天才闪光的作品，你看看吧，可以得到不少益处。"

梅志读完后问道："怎么这样写呀？忽然这样，一下子又那样，一点不连贯，也不完整，简直把人搞糊涂了，不像小说。"

《生死场》初版封面

波西米亚玫瑰的灰烬

萧红传

胡风嘲笑了她，说："你呀，真是被旧小说害得不浅，什么'小说作法'，那些框框害你不浅，你要好好地读读她的作品，它虽然有缺点，你看她的感觉多敏锐，写人物自然风景不受旧的形式束缚，这正是她独特的风格，这是近年来不可多见的作家！"

聂绀弩也说："我当时只看过她的两本书：《生死场》和《商市街》。以后虽然也看过别的，也不毫无所见。但那是以后的事，不好把它混到这里来。好在《生死场》是她的最具特色，当时的影响也最大，也就是成名作，代表作。"

他还曾提醒萧红："你是《生死场》的作者，是《商市街》的作者，你要想到自己的文学上的地位，你要向上飞，飞得越高越远越好……"

非常明显，自1936年起，萧红发表文章的机会增加了数倍。

1月19日，她与萧军、聂绀弩等人共同编辑的《海燕》创刊，当日售完两千册，鲁迅夫妇携海婴在梁园设宴庆贺，用萧红的说法是"在一个有烤鸭的饭馆里吃晚饭"。萧红看出来，鲁迅的喜悦似乎是超过他们那些年轻人。

此后，萧红的"商市街"系列散文，多篇在《中学生》杂志上发表。8月中旬，《商市街》结集，作为由巴金主编的《文学丛刊》第二集第十二册，由上海文化生活出版社出版。这本散文集以它的真实和情感的力量，受到广大读者的欢迎，旋即销售一空。9月中旬，《商市街》即再版，成了当时的畅销书。葛浩文对此书的评价很高，把它与乔治·奥威尔的《巴黎伦敦落魄记》相提并论。

同为作家的"落魄记"，同为描写生活贫困的著名作品，但萧红注意力在生活现象上的文字，更加生动、简洁；相较而言，奥威尔无穷无尽的理性分析，反倒显得有些絮絮叨叨。

当然，奥威尔自有他的长处，即他能用更加睿智、幽默的语言来描写"落魄"，比如这段：

> 你发现了无聊、雪上加霜和开始挨饿，但是你也发现贫困的一个极为突出的补偿性特点，在于这样的事实，即它会消灭未来。在一定限度内，可以说身上越没钱，越是少担心，事实上的确如此。你浑身上下只有一百法郎时，你会吓得魂不附体。等到你只有三法郎时，你就很是无所谓了。因为三法郎会让你直到明天还有吃的，你也不可能考虑明天以后的事。你感到无聊，但并不害怕。你模模糊糊地想："再过一两天我就要饿肚子了——可怕，对不对？"然后心思又跑到别的事情上。从某种程度上说，只吃面包和人造黄油，这本身就能安慰人。
>
> 另外还有种感觉，在贫困时也是极大的安慰，我相信每个生活拮据过的人都体验过。知道自己终于真正到了穷困潦倒的地步，会有种如释重负的感觉，几乎感到愉快。你动不动就说什么沦入底层——好了，这就是底层，你到了这里，你受得了，很多焦虑因此而消除。

奥威尔的这些理性分析，恰恰可以补充萧红《商市街》的空白，甚至可以帮助人们理解萧红的行为。比如贫苦很有可能会"消灭未来"，这里指的是消灭一个人对未来的打算。在那种生活境遇下，"从一开始，就很难再去想别的"，你只是当下经历着贫困而已。

> 你尝到了饿肚子的滋味。只吃了面包和人造黄油的你走在街上往各间商铺的橱窗里看，到处都是令人有浪费之感的大堆食物来刺激你：整个儿的猪，一篮子一篮子热腾腾的面包，极大个的黄油块，一串串香肠，堆成山的土豆，磨刀石

般的大块格律耶尔乳酪等等。看到这么多食物，一种几欲下泪的自悲自怜感袭上心头。你想抓块面包就跑，在他们抓到你之前吞下去，你忍住没这样做，完全是因为胆小。

你尝到了百无聊赖的滋味，它和贫困如影随形。这种时候你无所事事，因为填不饱肚子，对任何事情都提不起兴趣。你在床上一躺就是半天，感觉就像波德莱尔诗里"年轻的骷髅"。只有吃的才能让你起身。你发现一个人如果只吃面包和黄油，就算才过上一星期，也已经不成其为人了，只是一个肚子，附带几件器官。

萧红陷入过同样的境遇，"找活干的计划"泡了汤，也曾饿得想要偷面包……但她却不是这样写的。奥威尔用第二人称叙述跟读者套着近乎，而萧红笔下却是个人的实感经验，它直接震撼读者的心灵。大家不妨看一看《商市街》，前文中写萧红萧军在哈尔滨的生活时，材料也多出自萧红的这部作品。

此外，尤其提醒那些认为萧红依赖着萧军的人，设身处地地思考一下萧红在那个时代的艰难之处，并且想想，她到底依赖萧军什么呢？难道她没有出去找职业？她跟萧军在一起过了多少挨饿受冻的日子？她若是一个惯于依赖的人，为何当初不愿嫁给有钱的汪恩甲？如果把她错爱萧军并与他在一起也称之为依赖，且赋予这个"依赖"以贬义的话，那么，世间到底有多少依赖？或许，这笔"爱情的账目"，根本就不是外人能算得清的。

还有人说，萧红是依赖鲁迅才出名的，仿佛"依赖"已成了萧红的一个标签。可如果了解出版事宜，就会懂得，若是一部差的作品，即便有名人为之推荐，也无法赢得当时与未来众多读者的口碑，而他们也似乎太过低估了鲁迅等人的审美眼光。

鲁迅在为叶紫《丰收》所写的序中说："《儒林外史》作

者的手段何尝在罗贯中下，然而留学生漫天塞地以来，这部书就好像不永久，也不伟大了。伟大也要有人懂。"他并不是说叶紫的《丰收》写得多么伟大。他解释了自己为何喜爱这部作品，即"这里的六个短篇，都是太平世界的奇闻，而现在却是极平常的事情。因为极平常，所以和我们更密切，更有大关系。作者还是一个青年，但他的经历，却抵得太平天下的顺民的一世纪的经历，在转辗的生活中，要他'为艺术而艺术'，是办不到的。但我们有人懂得这样的艺术，一点用不着谁来发愁。"并且指出，"这就是伟大的文学么？不是的，我们自己并没有这么说。'中国为什么没有伟大文学产生？'我们听过许多指导者的教训了，但可惜他们独独忘却了一方面的对于作者和作品的摧残……"

这一段话，用来理解其他两个"小奴隶"及其作品，也是行得通的。何况，萧红的作品还有更胜于此之处——即便"是深恶文艺和功利有关的人，如果看起来，他不幸得很，他也难免不能毫无所得"。当然，鲁迅对《生死场》并没有一味地吹捧，他说得很老实，"叙事和写景，胜于人物的描写"，便是一个婉曲的批评。

萧红也有对自己的作品"起着恶感"的时候，认为"自己的文章写得不好"，不如高尔基或是其他什么人。鲁迅告诉她："外国作家……他们接受的遗产多么多，他们的文学生长已经有了多少年代！我们中国，脱离了八股文，这才几年呢……慢慢作，不怕不好，要用心，性急不成。"这大约是萧红默默写着《商市街》时与鲁迅发生的对话。

当代有人会说："我劝你们年青人，趁还没有出名，赶紧读书。人一出名，就完蛋了。"对于萧红，我们不必有这样的担心。她"完蛋了"，绝不会因为出名。

波西米亚玫瑰的灰烬

萧红传

6　而今他变成暴风雨了

1936年夏，萧红又开始写诗了。她写了一组《苦杯》，生前未公开发表。

对萧红来说，写诗，意味着她心底有一份抑制不住的情感要倾吐出来。而过于涉及生活隐私的诗句，在她生前一般都不会发表。比如《春曲》组诗的后五首，以及这组《苦杯》：

> （一）
>
> 带着颜色的情诗，
>
> 一只一只写给她的，
>
> 像三年前他写给我的一样。
>
> 也许人人都是一样！
>
> 也许情诗再过三年他又写给另外一个姑娘！

如果了解萧军的情史，便不难发觉，萧红此时对萧军的"预言"并没有错。他与萧红分开后，仍有过多次的出轨记录。用他自己的话说，叫"偷面包卷"。也许是在一起相处久了，萧红对他已有了足够的认识。比起1932年夏天写的《幻觉》，她已没有了那种天真的愿望："我不哭了！我替我的爱人幸福！／……因为你一定是绝顶聪明，谁都爱你；／那么请把你诗册我的名字涂抹，／倒不是我心嫉妒——／只怕那个女子晓得了要难过的。"毕竟，那时他们才刚开始恋爱。萧红也还可以有其他的选择，若不是为了爱的缘故，没有理由定要在一起。

> （二）
>
> 昨夜他又写了一只诗
>
> 我也写了一只诗
>
> 他是写给他的新的情人

我是写给我的悲哀的心的。

这个"新的情人",大概就是之前提到过的陈涓,又名陈丽娟,上海人。至于她与萧军是怎样又在一起的,不如看陈涓自己怎么说吧,1944年,她在《萧红死后——致某作家》的文中写道:

第二年的春天,我又漂泊到古城奉天去了。当我抵达目的地不久,就收到家中的来信,说有一个叫做××写文章的"老粗"来找过我,我就知道你们已经到了上海。第三年暮春时节,我和X君在松花江畔举行婚礼,你们也曾来信祝贺,也曾说起,上海是一个多么令人讨厌的多雨的地方。

第四年,我带着新生的婴孩回到南方来。因为我哥哥住处临近你的住所,因此有一天我和我的幼妹来看望你们。

我虽说在人生的旅途上也曾受到过无数次的风霜,但,对你们还是照样的坦白亲切,我很机械地想:"现在我结婚了,也做一个孩子的母亲了。你们总不会再误解我吧?"所以照平常一样地同你们有说有笑。临走还向你说:"你送我们回去吧?"你好像很为难地但也就答应了。路上,你说话很少,陷在沉思中了。我还没有觉察,根本我自己就很坦白的呀。我想:送人有什么关系呢?之后,你得便也常上我家来玩,也常邀我出去吃东西。当时我深深地觉得看见你很骇怕。你那固执的性格,你那强烈的感情,使我感到烦恼。我知道你太把自己沉溺于幻想中了。我隐隐地觉得这事越来越糟,你那种倾向实在太可怕了。

……我在客厅中给你弄得很窘,因为你来既没有事,又不聊天儿。我又找不出话说,空气沉闷得很。好容易你走了,我送你到后门口,你又回身在我的额角头上吻了一下,这是第二次。我对于你这样态度感到不安极了。我没有方法能提醒你，我固然怕和你在一起，但我实在没法拒绝你来，或拒绝你的邀请。我怕看人失望阴沉的脸色，所以你来了，即使自己的情绪再恶劣，我也勉为其难地向你周旋，或许就因为这样，弄得错尽错绝，这都是我的过失，我深深向你们两位（不管她还在人世与否），致我无上的歉疚。

……

"尚日日与我争吵/我的心潮破碎了/他分明知道/他又在我浸着毒一般痛苦的心上/时时踢打。"

这与陈涓的回忆是能对上号的："又据说，后来听得我将南返了，你们俩常常因这个多会的我而争吵。我那一次到你们家去拜访时，即在你们大闹之后，所以你显得很为难，送我回去又不是，不送我回去又不是。我听了真愧悔得很，我怎么会这样蠢笨，一点都不觉察你们的心理？做了他人眼睛里的砂子！还不知道！这么一来，你们便时常吵闹，疑神疑鬼，弄得感情很不好使你几乎要当真起来。唉，我真是遗憾！"

陈涓表坝出一副十分委屈的样子，看得出她的情绪十分激动。但这是在萧红死后所写。

生前，萧红遭受的却是："往日的爱人/为我遮避暴风雨/而今他变成暴风雨了/让我怎样来抵抗……""我幼时有个暴虐的父亲/他和父亲一样了/父亲是我的敌人/而他不是/我又怎样来对待他呢/他说他是我同一战线上的伙伴/我没有家/我连家乡都没有/更失去朋友/只有一个他/而今他又对我取着这般态度。"

到底是谁更委屈呢？

陈涓从朋友处得知，《商市街》里记载了她的事情，她的看法是这样的：

一开始就承她谬誉我是一个不太难看的姑娘，后来这个姑娘闯入了"你们的生活"圈中。不但你们外在的生活受了她的影响，即内在心灵也受了震撼，综观这一篇记载，她除了俏皮地揶揄我之外，还相当地报了她的私仇。她侮辱我和你"喊喊喳喳，勾勾搭搭有不明不白的行为"。我看了真的气极了。生气的主要原因是：她既然能攻击我，为什么不出之于明枪，而要暗箭伤人？更生气地是：她可以信口雌黄诬蔑人，你不应该袖手旁观不闻不问呀！你不但是当事人，可以证明事情的真伪有无，而且你是她的"良人"呀，你有警告她的义务，你要对一个清白无辜的人负良心上的责任。你为什么将错就错一误再误呢？

　　这一番话是针对萧军而说的。回想萧军之前在《漫记》中为陈涓作出的长篇辩护，不得不让人感慨，他俩这种"卖直"的性格，有时是多么可怕。这样的人还特别容易对他人进行道德绑架。

　　不管怎样，萧军难辞其咎。

　　不过，他自己对这类事情仿佛有着另外一套看法。1937年6月30日，他在日记中写道：

　　　　和吟又吵架了，这次决心分开了。女人的感情领域是狭小的，更是在吃醋的时候，那是什么也没有了，男人有时还可以爱他的敌人，女人却不能。

　　还有：

　　　　X来了，同吟说话，吟不答，我说给X："吟我们要分开了，她已和你没了友情，此后你（不？）要来了罢。关于你的事情，我还要帮助你，你明天上午十点来……"

"你处理你的家事吧！"

她在屋子里走了两转，终于流着泪，无言地走了。

我知道这样说使她难过，但是我又怎能不说呢？吟逼着这样做！可是接着她又哭了，她说她看见 X 流泪使她难过！我只有沉默着。

毁害自己还是毁害人？

为了爱，那是不能讲同情的吧？

我说："X 并不是你的情敌，即使是，她现在的一切处境不如你，你应该忍受一个时间，你不要这样再伤害她……这是根据了人类的基本同情……"

她将永久受一个良心上的责打。

……

萧军说的这个X，并不是陈涓，而是许粤华。因为陈涓于1936年5月1日就离开上海了。此外，萧军的日记中有这样一句："她说她看见X流泪使她难过！"显然，这个X与萧红曾是好朋友。许粤华是萧红在日本时的友伴，当时是黄源的妻子，从日本回来后，竟与萧军发生了暧昧的关系。据说，许粤华因此还有了身孕，不过，尚不能说有了确凿的证据。

萧军公开承认的是："在爱情上曾经对她有过一次'不忠实'的事，——在我们相爱期间，我承认她没有过这不忠的行为的——这是事实。那是她在日本期间，由于某种偶然（又是偶然，他曾说与萧红也是一个偶然）的际遇，我曾经和某君有过一段短时期感情上的纠葛——所谓'恋爱'——但是我和对方全清楚意识到为了道义上的考虑彼此没有结合的可能。"

可是，1937年8月4日的萧军日记中却写道："吟会为了嫉妒，自己的痛苦，捐弃了一切的同情（对X是一例），从此我对于她的公正和感情有了较确的估价了。原先我总以为她会超过于普通女人那样范围，于今我知道了自己的估计是错误的，她不独有着其他女人一般的性格，有时还甚些。总之，我们这是在为工作生活着了。"

面对萧军的这些言语，还有什么可说呢？怪不得萧红说，萧军有着强盗般的灵魂。然而，萧军的回答是："这确是伤害了我，如果我没有类于这样的灵魂，恐怕她是不会得救的！一个不敢于杀人的人……他们是不会冒着任何可见的损害和危险而去救别人的……我曾经有自知之明地评价过自己，我是一柄斧头，在人们需要使用我时，他们会称赞我，当用过以后，就要抛到一边，而且还要加上一句这样的诅咒：'这是多么蠢笨而蛮野的斧头啊！'"这是萧军晚年留下的对"强盗般灵魂"的解释。

不如用《苦杯》中的最后三节作结，也算是萧红一个遥遥的回答：

（九）

泪到眼边流回去，

流着回去浸食我的心吧！

哭又有什么用！

他的心中既不放着我，

哭也是无足轻重。

（十）

近来时时想要哭了，

但没有一个适当的地方：

坐在床上哭，

怕是他看到；

跑到厨房去哭，

波西米亚玫瑰的灰烬

萧红传

怕是邻居看到；

在街头哭，

那些陌生的人更会哗笑。

人间对我都是无情了。

（十一）

说什么爱情！

说什么受难者共同走尽患难的路程！

都成了昨夜的梦，

昨夜的明灯。

7　此刻

她认出了感情的风暴，然而怎样进入了自己的"黄金时代"呢？

萧红的"黄金时代"，出自她1936年11月19日写给萧军的信：

> 窗上洒满着白月的当儿，我愿意关了灯，坐下来沉默一些时候，就在这沉默中，忽然像有警钟似的来到我的心上："这不就是我的黄金时代吗？此刻。"于是我摸着桌布，回身摸着藤椅的边沿，而后把手举到面前，模模糊糊的，但确认定这是自己的手，而后再看到单细的窗棂上去。是的，自己就在日本。自由和舒适，平静和安闲，经济一点也不压迫，这真是黄金时代，是在笼子过的。从此我又想到了别的，什么事来到我这里就不对了，也不是时候了。对于自己

的平安，显然是有些不惯，所以又爱这平安，又怕这平安。

均（萧军）：上面又写了一些怕又引起你误解的一些话，因为一向你看得我很弱。

需要提及的是，这段时间，她还不知道许粤华的事。她之所以决定只身前往日本，与《苦杯》中所透露出来的心境有很大的关系。据萧军说，萧红1936年的"身体和精神全不很好"。"身体"是断断续续地病着，"精神"原本应该愉快一些，可是，成名以后，烦恼也随之而来。

当时，舒群、罗烽与白朗也在上海，他们与二萧之间，似乎出现了友谊危机。不过，这又是一起"罗生门"。

罗烽与白朗夫妇的干女儿金玉良，1999年岁首写过一篇《一首诗稿的联想——略记罗烽、白朗与萧红的交往》，里面提到，"（罗烽、白朗1935年）7月15日到达上海，十里洋场，高楼耸立，人海茫茫，但是对于他们却上无片瓦，下无寸席。无奈，他们只好投奔唯一的朋友萧军、萧红并暂时寄居在他们极其简陋的家中，然后再做计议。二萧是半年前由山东来上海的，他们的生活亦处在极贫之境。四个年轻人挤在一间房子里，罗、白睡一张行军床，幸好罗、白从东北带的盘缠还剩四十多块钱。后来，萧

舒群、罗烽、萧军在上海

波西米亚玫瑰的灰烬

萧红传

红悄悄告诉白朗：你们在这里，萧军嫌妨碍写作，不高兴。9月中旬，罗烽、白朗搬到美华里亭子间，而此时生活无着落的舒群来也和他们同住。身上的钱已经用光了，只好靠典当过日子。第一次三个人去典当白朗齐齐哈尔女朋友赠送的纪念品——一块坤式手表，舒群不好意思进当铺，远远地等在外边。10月，白朗通过报纸上的招聘广告考取一份打字员工作，同时他们的文章也逐渐有了发表的刊物。11月，罗烽通过周扬接上党的关系并加入'左联'，这时他们的生活才有了点着落。"

这与萧军所说的时间有些对不上，不知是谁的记忆出错。总之，萧军也提到他的"那三位朋友"，并写了朋友们如何与他"翻脸"，以及如何"冷淡"，详情可见萧军的《在上海拉都路我们曾经住过的故址和三张画片》。

概而言之，萧军认为那三位朋友有些强人所难。首先，他们对二萧所住的亭子间"乱批评了一通"，表示要租一幢阔气一些的房子让二萧和他们同住，而且声明绝不收萧军的房费。萧军再三推辞，说他不想再搬家了，"经过几次谈判，最后朋友们竟和我'翻脸'了说：'我们全是第一次到上海来，人生地疏，只认识你这位唯一的朋友，希望你从各方面对我们有所帮助，并不求您的银子、钱……您如今是成名的大作家了，所以不屑得和我们住在一起了！'"（这三位朋友当中，舒群应不是第一次来上海。可见即便是当事人的回忆，也不免有误。）

萧军说"这是盛情难却"，他"不甘愿地"搬进了一幢"红砖砌成，西式的三层楼房"，"靠近街道的一面设有一座宽大的铁条栅门，里面是一片约有五十公尺长、十多公尺宽的空地，墙边和门边还有些栽着花木的池子"。二萧大概住的是中间第二楼，这与梅志的回忆是相符的。但萧军紧接着说："我们占住了第三层；第一、第二层由朋友们分住着，还租来了一批家具，这俨然‘资产阶级’化了。”完全变了一副语气。

搬到一起住后，还不太平。萧军说，“在这所楼房值得纪念的一件事，就是于5月2日上午鲁迅先生和许广平先生携海婴突然来这里做客”，鲁迅走后，“夜间，我们那三位朋友之中的一位L君，脸色显得很不愉快的样子问着我说：‘上午来的那位老人，是鲁迅先生吧？……’‘是的。’我回答说。‘在他上楼梯时，我们全看到了。’‘我们也不知道他今天会到来，这完全是偶然！’我解释着。朋友L君不自然地笑了笑接着说：‘你知道，我们全是崇敬鲁迅先生的，也知道你和鲁迅先生有关系，这是很难得的一个机会，应该为我们介绍一下，认识认识啊！’言外之意，这位朋友对我有所责怪了……朋友们不理解我们的苦衷，在上海这政治斗争的复杂情况下，我怎么能够把一些鲁迅先生所不理解的人们，介绍给他认识呢？而且鲁迅先生也必定会拒绝的。后来，朋友们托我又办了几件事，也全没能够如愿以偿，无形中我们的‘友谊’也就冷淡下来了。于是我们也就决定搬开这一不适于我们存在的环境”。

首先，关于时间对不上的问题，我们更能取信的应是鲁迅先生的书信。他曾在1935年9月2日写给萧军的信末说：“我们如略有暇，当于或一星期日去看你们。”这与萧军说的“5月2日”不相符合。其次，按常理来说，鲁迅一家人不可能突然到访，他们应会事先通知对方。因此，“那三位朋友”对萧军可能存在的隐瞒有些意见，也不能说是完全的无理取闹。

总之，萧红在《苦杯》中说的“我没有家，/我连家乡都没有，/更失去朋友，/只有一个他……”，这个感受是极其真实的。

所以，萧红精神上不大好，恐怕有诸多方面的原因。然而更加致命的原因，仍是萧军的感情出轨。

　　1936年3月中旬，二萧搬到了北四川路的"永乐坊"，据萧
军说，这样离鲁迅家更近些，"为的可以方便，多帮忙"。可许
广平在《忆萧红》中说："但每天来一两次的不是他，而是萧红
女士，因此我不得不用最大的努力留出时间在楼下客厅陪萧红女
士长谈。她有时谈得很开心，更多的是勉强谈话而强烈的哀愁，
时常侵袭上来，像用纸包着水，总没法不叫它渗出来。自然萧红
女士也常用力克制，却转像加热在水壶上，反而在壶外面满都是
水点，一些也遮不住。终于她到日本去了……"

　　当时，梅志也是见证人之一，她说："天气正热的时候，萧
红到我们住处附近来做西服，说是要到日本学习去。这时我想她
已经从爱的纠纷中摆脱了，我为她高兴。"

　　"到日本去住一个时期"，恰是黄源的提议。当时他的夫
人许粤华正在日本攻读日文，还不到一年，已经可以翻译一些短
文章了。何况，她与萧红也好有个照应。经过反复思量，二萧最
终决定："她去日本，我去青岛，暂时以一年为期，那时再到上
海来聚合。"加上当时"奴隶丛书"结下了一笔稿费，数目约
二三百元，二萧各自带了一部分，离开上海。

　　1936年7月18日，萧红乘船赴日本。在船上她就开始给萧军
写信。到日本后，写得也更频繁，她对萧军仍然关心，信中多有
叮嘱。

　　7月12日："你的药不要忘记吃，饭少吃些可以到游泳池去
游泳两次……"

　　8月14日："鸡子你遵命了，我很高兴。"

　　8月17日："现在我庄严地告诉你一件事情，在你看到之后
一定要在回信上写明！就是第一件你要买个软枕头，看过我的信
就去买！硬枕头使脑神经很坏，你若不买，来信也告诉我一声，
我在这边买两个给你寄去……"

萧红赴日本前，与萧军、黄源的合影

8月27日："西瓜不好那样多吃，一气吃完是不好的，放下一会再吃。"

9月14日："我临走时说要给你买一件皮外套的，回上海后，你就要替我买给你自己。四十元左右。我的一些零碎的收入，不要他们寄来，直接你去取好了。"

……

在萧耘（萧军与王德芬的女儿）的《父女恳谈录》中，这样写道：

"萧红的感情有时极为细微"，父亲讲道："她爱我便常常关心得太多——这使我这个流浪汉式'大兵'出身的人很不舒服，以至厌烦。比如她不让我夜间吃夜宵，说这习惯不符合生理卫生啦……吃一个鸡蛋不够要吃两个啦……喜欢睡硬枕头容易伤害脑神经啦必须改正啦……等等等等，而我从小就枕惯了瓦筒和木段段！这也是我们常常闹小矛盾的原因之一。我是一个不愿可怜自己的人，也就不愿别人可怜我！在萧红看来，我这也许就是'好心当成了驴肝肺！'不知好歹吧？！也许伤害了她的一片爱心……"

　　"萧红是一个时常需要人给予鼓励和打气的人，有时候还表现出一种孩子气的天真和无忌、单纯、倔强和淳厚。我爱她但她不是'妻子'，尤其不是我的！在她的身上没有妻性，所有的只是母性和女性。因为爱她就是说我可以迁就。我像对一个孩子似的对她'保护'惯了，而我也很习惯于以一个'保护者'自居，为她遮风挡雨、奔东奔西……尽量使她生活得快活、安定，这使我感到光荣和骄傲！"

　　萧军对聂绀弩也说过类似的话。他说萧红没有"妻性"，那么，这个"妻性"是什么呢？先看看别人怎么说。

　　闻一多说："真女性就应该从母性出发，而不是从妻性出发。从妻性出发，不成为奴，即成为妓。"

　　鲁迅说："女人的天性中有母性，有女儿性，无妻性。妻性是逼成的，只是母性和女儿性的混合。"

　　再看萧军是如何论"终身大事"的。他在《论"终身大事"》一文中说："吃得不好，这对生存是有碍的。'性'能不好，这不独对于传种有碍，对于发展、自由以至于男女的终身'愉快'也是有碍的。""交友和结婚，除开男女多了一点生理关系而外，其余的本无大差。性情相近就交一交朋友，到弄不下去的时候，就不必来往；结婚呢，在当时如果双方全认为满意，就可以结合，等到弄不下去了，就离开也没有什么不可。至于有些人必须寻出一些正正堂堂理由，来获得舆论上底拥护或支持，我看这也不必的。中国不是有句俗话么：'清官难断家务事'，反正夫妻的烂账，不独别人算不清，恐怕你自己也弄不清。要离开就离开；要结合就结合……最好还是不要算账罢……"

　　两相对比，便可见萧军所谓的"妻性"，究竟是怎么一回事。

萧红虽在日本，心中仍然念着萧军，这一点是非常明显的，信中已有多处明确表示。刚到日本的时候，她有些不能适应，时常感到寂寞，7月18日的信中说："海上的颜色已经变成黑蓝了，我站在船尾，我望着海，我想，这若是我一个人怎敢渡过这样的大海！"可她的确就只是"一个人"！

7月26日的信中，她说："现在我很难过，很想哭……华（许粤华）起来就到图书馆去了，我本来也可以去，我留在家里想写一点什么，但哪里写得下去，因为我听不到你那登登上楼的声音了。"真是太心酸了，一个女人漂泊了这么久，因为爱人的出轨而只身离国，竟然还说出这样的话，其身心的孤独可想而知。

据萧军说，他们之前都是睡在一张小床铺上，到了上海以后，"有一次竟借到一张小床，她很勇敢地自愿到那张小床上去住，我也同意……正当我朦朦胧胧将要入睡时，忽然听到一阵抽泣的声音，这使我惊醒了！"萧军以为萧红发生了什么急症，谁知萧红说："我睡不着！不习惯！电灯一闭，觉得我们离得太遥远了！"说完，眼泪又浮上了她的眼睛。若说萧红对萧军有什么依赖的话，恐怕是感情依赖得太深了。她那"永久的憧憬和追求"，若全部系在萧军身上，注定是会以失望告终的。

此外，萧红在日本时身体也时常出现状况，包括肚痛、头痛、发烧、上火、便秘……她也都在信中一一向萧军"汇报"了。她把萧军当成世上唯一可倾诉痛苦的对象。可萧军"爱的是史湘云或尤三姐那样的人，不爱林黛玉、妙玉……"也许萧红略有所感，12月31日的信中，她的态度转而冷淡了些："你亦人也，吾亦人也，你健康，我则多病，常兴健牛与病驴之感，故每暗中惭愧。"

这一切离"黄金时代"似乎都有些遥远。返回头，再仔细看看萧红所说的"黄金时代"，恐怕很多人会忽略"此刻"二字。我以为真正的"黄金时代"就是在"此刻"，这甚至是一个富有哲学意味的命题。

当然，萧红提到的那些形容词也很重要："自由和舒适，平静和安闲，经济一点也不压迫……"此外，她还得有所追求。比如"稿子我已经发出去三篇"，"我是渴望着书的"，"唐诗我是要看的，快请寄来！精神上的粮食太缺乏！所以也会有病！""学校开学，我就要上学的。""日文我是不大喜欢学，想学俄文，但日语是要学的。""现在要开始一个三万字的短篇了。给《作家》十月号。完了就是童话了……""不得了了！已经打破了纪录，今已超出了十页稿纸。我感到了大欢喜……""郁达夫的讲演今天听过了，会场不大，差一点没把门挤下来……"这些都是生命在当下生长挥发的迹象。"黄金时代"不是已有定评的文学成就和已固定了的作品，而是生机盎然的生命。作品也许精致，不像矿石那样粗糙，它就是一个成品，也许还会有下一个精致的成品，但成品之间没有生生不息的联系。而生长着的作者，就像一座尚未探明的矿藏，在那个"此刻"，蕴藏着无限的可能性。

8　师母毕竟是伟大的

萧红在1936年10月24日致萧军的信中写道：

> 关于周先生的死，二十一日的报上，我就渺渺茫茫知道一点，但我不相信自己是对的，我跑去问了那唯一的熟人

（许粤华），她说："你是不懂日本文的，你看错了。"我很希望我是看错，所以很安心地回来了，虽然去的时候是流着眼泪。

昨夜，我是不能不哭了。我看到一张中国报上清清楚楚登着他的照片，而且是那么痛苦的一刻。可惜我的哭声不能和你们的哭声混在一道。

现在他已经是离开我们五天了，不知现在他睡到哪里去了？虽然在三个月前向他告别的时候，他是坐在藤椅上，而且说："每到码头，就有验病的上来，不要怕，中国人就专会吓唬中国人，茶房就会说：验病的来啦！来啦！……"

鲁迅先生病中的这番叮嘱，如"春风化雨"。

之前，萧红"每每整天的耽搁在"（许广平语）鲁迅家中，他正在生病。早在1936年1月3日，他的肺病就开始复发，肩胁部均大痛。3月2日，因受寒而气喘病发，持续了一个多月。5月18日，发烧，持续不退。关于这次发烧，据许广平说，跟萧红有关：

> 当然不能否认，萧红先生文章上表现相当英武，而实际多少还赋予女性的柔和，所以在处理一个问题时，也许感情胜过理智。有一个时期，烦闷，失望，哀愁笼罩了她整个的生命力，然而她还能振作一时，替刘军（即萧军）先生整理、抄写文稿。有时又诉说她头痛得厉害，身体也衰弱，面色苍白，一望而知是贫血的样子。

就是这样，萧军后来说："她的主导思想是过度'自尊'"。真不知什么叫"过度自尊"！过度自尊的人，在饮尽"苦杯"之后，还会帮他抄稿子，给他写充满叮咛的信？显然，在萧军看来，"自尊"，是与他所渴望的"妻性"有冲突的。即便是对他后来的妻子王德芬，萧军也是这样说的："我和你恋爱那时起，我并未为了你是美人，你是天才……而是为了我自己，我的事业。我向你说得明白，我愿你作为我的女人，以我的事业为中心，同时我也可以帮助你发展，但我却不能完全为你，或与你'平分'……如今你既然感到自己要发展，或受委屈，或不甘心以我的事业为中心……我愿你好好考虑，或是抛开我，或是抛开你那更远大的企图，中间的东西是没有的。"结果，王德芬是跟了他一辈子。

鲁迅先生发烧的时间，确实是在萧军出轨以后。陈涓于1936年春再次出现在二萧面前，这次给萧红造成了怎样的打击，许广平是见证人之一，所以许才从萧红的"烦闷，失望，哀愁"说起，接下来她写道，萧红的"失调"带给了她怎样的影响：

> 这时，差不多鲁迅先生也时常生病，身体本来不大好。萧红先生无法摆脱她的伤感，每每整天的耽搁在我们寓里。为了减轻鲁迅先生整天陪客的辛劳，不得不由我独自和她在客室谈话，因而对鲁迅先生的照料就不能兼顾，往往弄得我不知所措。也是陪了萧红先生大半天之后走到楼上，那时是夏天，鲁迅先生告诉我刚睡醒，他是下半天有时会睡一下中觉的，这天全部窗子都没有关，风相当的大，而我在楼下又来不及知道他睡了而从旁照料，因此受凉了，发热，害了一场病。我们一直没敢把病由说出来，现在萧红先生人也死了，没什么关系，作为追忆而顺便提到，倒没什么要紧的了。

于是，许广平就在萧红死后，"顺便提到"了这件事情。于是就有人说，萧红"真不懂事！"

以上出自许广平的《追忆萧红》，写于1946年7月。而1945

年11月，许广平还写过一篇《忆萧红》登在报上。那时，距萧红死亡的时间1942年1月22日，约有三四年。许广平说："我们往来见面了差不多三四年，她死了到现在也差不多三四年，不能相抵，却是相成，在世界上少了一个友朋，在我的生命的记录簿上就多加了几页黑纸。"可惜，在这几页黑纸上，竟没有萧红"死的月日地点"。因为据许广平自己说："鲁迅先生逝世后，萧红女士想到叫人设法安慰我，但是她死了，我向什么地方去安慰呢？不但没法安慰，连这一封值得纪念的信也毁了，因为我不敢存留任何人的信。而且连她死的月日地点都在我脑中毁了，这不能推说'不敢存留'，只可承认是我的脑子的确不行了……"

其实，脑子不行，也没有什么不好。张文江先生就曾说过一个脑子太行的故事："大约是赵元任、杨步伟那一伙人，还有一些在美国的台湾留学生，时间大概是上世纪五六十年代。穷学生在那边也很艰苦，在洗衣房打工之类。有一回大家说好赌钱，也就是小钱，二十块钱或三十块钱。不知道当时谁说了一句话，但是也没有人听到。赌完钱以后呢，输钱的人没付，赢钱的人也没提起。其实双方并不在乎这些钱，但习惯上要安慰一下心理。过了二十年，这些穷学生都成了学界名人。有一回遇到类似于师母的人，她幽远地说了一句，那一回啊，好像钱没付什么的，不知不觉把这句话讲出来。听的人大愣，原来我们还以为讲好不要的啊。原来这句话埋了二十年，其实根本不在乎这些钱，就是心里有一个小疙瘩。"

"师母"这"幽远"的一句，好在是当着人家的面说，听的人还能及时"改正"。可是，许广平这埋了近十年的"顺便提到"，萧红倒是无话可说了，连改过自新的机会都没有。在许广平看来："我们一直没敢把病由说出来，现在萧红先生人也死了，没什么关系，作为追忆而顺便提到，倒没什么要紧的了。"

她这里所说的"我们",大概是指她和鲁迅。

不过,碰巧的是,张文江又讲了一个关于师母的故事:"就是徐梵澄和鲁迅以及许广平的关系。徐梵澄七十年代末从印度回国,一开始注意他是因为鲁迅,后来才知道他翻译了《五十奥义书》。许广平有一本《欣慰的纪念》,其中对他有所批评,当时用的名字是'徐诗荃'。而且有一句话,也是许广平讲出来的,徐梵澄当年劝鲁迅读佛经,而鲁迅早已不谈此道了。徐梵澄到德国留过学,以后到印度研究精神哲学。这个人很有意思,鲁迅逝世的时候他第一个到殡仪馆,大哭了一场。可是当其他人来的时候,他已经走了。……虽然徐梵澄对此有解释,但是许广平就有些不高兴了。……实际上鲁迅是喜欢徐梵澄的,他们之间谈的旧学问,许广平不一定完全了解。后来有很多人想问他对许广平批评的反应,徐梵澄一句话都没有说,真是带到了棺材里去。然而在《徐梵澄集》中,有一篇《跋旧作版画》,谈到师母秉承先生的遗志,不屈地奋斗,有这样一句话:'师母毕竟是伟大的。'"

相信人部分人都会同意这幽幽的一句"师母毕竟是伟大的"。真是委屈了许广平"不得不用最大的努力留出时间"(许广平语)陪萧红"长谈"。若是萧红还活着,人们问她对许广平批评的反应,大概她也会"一句话都没有说"。以萧红一贯的作风,她只会在给好友的信中,吐露一些心声。

1936年10月24日,萧红致萧军的信中写道:"……可怕的是许女士的悲痛,想个法子,好好安慰着她,最好是使她不要静下来,多多的和她来往。过了这一个最难忍的痛苦的初期,以后总是比开头容易平伏下来。还有那孩子,我真不能够想象了,我想一步踏了回来,这想象的时间,在一个完全孤独了的人是多么可怕!"

这信的内容，许广平是知道的。因为许广平在《忆萧红》中说："这个动议大约是被采用了。所以鲁迅先生死了之后，萧军和黄源等先生来了，其他如聂绀弩夫妇、张天翼夫妇，更有胡风夫妇等许多人都时常来了。有一次，萧军和黄源等半劝半迫地叫我去看电影，没有法子跟着去了，在开映的时候利用光线，我一直在暗中流泪，十年来，在上海每次踏入电影院都是和鲁迅先生一道的，看到会心的时候会彼此用臂膀推动一下，这生动的情境在电影院中更增加我的伤痛，但我怎能辜负他们的好意呢？他们哪里会想到发生相反的结果呢？"

他们是想不到，萧红就更想不到了。她的"这个动议"，看来又是错的。

另一方面，许广平的"不得不"、"没法子"，倒是成就了她的"伟大"。

萧红也懂得她的"担当"。《回忆鲁迅先生》中，她写过这样的句子："鲁迅先生的身体不大好，容易伤风，伤风之后，照常要陪客人，回信，校稿子。所以伤风之后总要拖下去一个月或半个月的。""许先生从鲁迅先生病起，更过度的忙了。""来看鲁迅先生的人，多半都不到楼上来了，为的是请鲁迅先生好好的静养，所以把陪客人这些事也推到许先生身上来了。""在这期间，许先生比鲁迅先生更要担当一切了。"

在萧红生前，许广平也并非没有对人抱怨过。梅志经常在鲁迅家遇到萧红。许广平对来客一向都是很热情的。她一般都会站在楼梯口，然后亲自引梅志到客厅里坐。有一次，许低声地对梅志说："萧红在那里，我要海婴陪她玩，你们就一起谈谈吧。"之后她就去忙自己的事了。梅志发现那时的萧红"形容憔悴，脸都像拉长了，颜色也苍白得发青"，有点心不在焉的样子。"倒是海婴很活跃，搬出了他的玩具和书本，要萧红和他一起搭积木"，梅志也参加了，三个人一起玩。这时，萧红会和梅志拉拉家常。

还有一次，许广平在楼梯口迎接梅志，又压低了声音跟梅志诉苦："萧红又在前厅……她天天来一坐就是半天，我哪来时间陪她，只好叫海婴去陪她，我知道，她也苦恼得很……她痛苦，她寂寞，没地方去就跑这儿来，我能向她表示不高兴、不欢迎吗？唉！真没办法。"

其实，海婴倒是挺喜欢萧红，一见到萧红，就非拉着她到院子里和他一起玩。萧红曾问过他为什么不拉别人，鲁迅半开玩笑地说："他看你梳着小辫子，和他差不多，别人在他眼里都是大人，就看你小。"许广平问海婴："你为什么喜欢她呢？不喜欢别人？"海婴回答："她有小辫子。"说着就又去拉萧红的头发。

回头再想想许广平对萧红的"批评"，让人不免疑惑，难道当时她真没有"脱身"的可能吗？

自那日发烧后，过了半个月左右，史沫特莱请了当时上海最好的一位肺病专家来做诊断，诊断结果是，鲁迅的肺病非常严重，倘是欧洲人，则在五年前已经死掉。1936年夏，鲁迅先生陪客人吃完一顿饭的力气都没有了。那是日本友人增田涉专程从日本来看他，他便请增田涉在家中吃午饭，可是，才吃了一点点，他就站起来说："我累了，上楼去休息，你慢慢吃罢。"许广平扶他上楼，留下增田涉一人暗自悲伤。从这里也可看出鲁迅先生"为人"的不同之处。有时，对朋友直言相告，不是更好吗？

7月中旬，萧红决定东渡日本一年，并期待与在日本留学的弟弟张秀珂会面。

7月15日晚，鲁迅夫妇设家宴为之饯行。

8月1日，鲁迅去医院诊病，体重仅剩下三十八点七公斤。

8月23日，鲁迅作散文《“这也是生活”……》。

9月5日，鲁迅作散文《死》。

10月18日，鲁迅气喘发作。终日呼吸困难。

10月19日，鲁迅先生于上午五时二十五分逝世。

9 这真是发疯的社会

1936年11月24日，萧红在信中对萧军说："许的信，还没写，不知道说什么好，我怕目的是安慰她，相反的，又要引起她的悲哀来。你见着她家的两个老姨娘也说我问她们好。"这两个老姨娘是在鲁迅家中帮忙做家务的。

萧红曾经问过许广平："为什么用两个女佣人都是年老的，都是六七十岁的？"许广平说："她们做惯了，海婴的保姆，海婴几个月时就在这里。"正说着，一个矮胖胖的保姆走下楼梯来了，和她们打了个照面。许广平问她："先生，没吃茶吗？"萧红注意到这个保姆"赶快拿了杯子去倒茶，那刚刚下楼时气喘的声音还在喉管里咕噜咕噜的，她确实年老了"。

尽管如此，许广平也还是"从早晨忙到晚上，在楼下陪客人，一边还手里打着毛线。不然就是一边谈着话一边站起来用手摘掉花盆里花上已干枯了的叶子。许先生每送一个客人，都要送到楼下的门口，替客人把门打开，客人走出去而后轻轻地关了门再上楼来。来了客人，还要到街上去买鱼或买鸡，买回来还要到厨房里去工作。鲁迅先生临时要寄一封信，就得许先生换起皮鞋子来到邮局或者大陆新村旁边信筒那里去。落着雨天，许先生就打起伞来"。

可是，在萧红如此细密的眼光看来，许先生虽然是忙的，但"许先生的笑是愉快的"。大致可见，萧红善于观察什么，不大善于观察的又是什么。

与朋友相处一向毫无机心的她，在同一封信中对萧军说："现在我随时记下来一些短句，我不寄给你，打算寄给河清，因为你一看，就非成了'寂寞寂寞'不可，生人看看，或者有点新的趣味。"

她指的这些"短句"，正是后来公开发表的《沙粒》（该组诗创作于1936年底至1937年1月初，署名悄吟）。可以见出萧红那时的心境。

（七）

从前是和孤独来斗争，

而现在是体验着这孤独，

一样的孤独，

两样的滋味。

（八）

本也想静静的生活，

本也想静静的工作，

但被寂寞燃烧得发狂的时候，

烟，吃吧！

酒，喝吧！

谁人没有心胸过于狭小的时候！

大概河清还是把这些短句给萧军看了，萧红在下一封信中说："（河）清说：你近来的喝酒是在报复我的吃烟，这不应该了，你不能和一个草叶来分胜负，真的，我孤独得和一张草叶似的了。"

（一一）

今后将不再流泪了，

不是我心中没有悲哀，

而是这狂飙的人间迷惘了我了。

（一二）

和珍宝一样得来的友情，

一旦失掉了，

那刺痛就更甚于失掉了珍宝。

此时，萧红恐怕已得知萧军与许粤华的事。万万没有想到，在东京唯一的朋友许粤华，回国以后，竟会和萧军发生关系。萧红感到："月圆的时候，可以看到，月弯的时候，也可以看到，但人的灵魂的偏缺，却永也看不到。"她为着这人心的隔肚，已吃了多少苦。她这时想望着的，"只是旷野，高天和飞鸟"。"海洋之大，天地之广，却恨个自的胸中狭小"。

许粤华是因黄源父亲病重才回国的。萧军在日记中说要帮助她，但是，怎么帮却是不知道的。萧红感到"泛滥了的情感最可怕"，大概指的是萧军对女人的这种态度。她固然想远离这样的人群，却又怕失掉"可爱的人们"与"纯洁"。

（二七）

此刻若问我什么最可怕？

我说：

泛滥了的情感最可怕。

（二八）

可厌的人群，

固然接近不得，

但可爱的人们又正在这可厌的人群之中；

若永远躲避着脏污，

则又永远得不到纯洁。

她甚至说服自己，只要萧军与许粤华之间的感情是"真诚的"，那么，哪怕带着点罪恶，她也接受了。她说："我本一无所恋，但又觉得到处皆有所恋……"她的心仍是有情的，哪怕她的心痛苦得都快死了。

"什么最痛苦，说不出的痛苦最痛苦。"她觉得"烦恼相同原野上的青草"生遍她的全身了。既然生了流水一般的命运，就不再希求安息。

鲁迅逝世一个月后，萧军带着刚出版的《中流》半月刊、《作家》月刊、《译文》月刊去鲁迅坟前焚化。据萧军自己说："想不到当时竟被张春桥一伙中的什么人看见了，……讽刺我是'鲁迅家将'，鲁迅的'孝子贤孙'，烧刊物是一种迷信的幼稚行为，等等。"

萧红知道此事后，也在信中挖苦萧军："到墓地去烧刊物，这真是'洋迷信'、'洋乡愚'，说来又伤心，写好的原稿也烧去让他改改，回头再发表罢！"当然，她还补充了一句："烧刊物虽愚蠢，但情感是深刻的。"也算没有完全拂了萧军的面子。

萧军却因为这事，找人打架去了。

他解释道："这是敌人'斗争'的伎俩，应无足怪，我是不会理睬他们的。但是张春桥等类当时是以'左翼'自居的，而却和敌人一鼻孔出气，表面装人，背地捣鬼"，这使他十分气愤。于是，他找到张春桥一伙人的编辑部所在地，对在场的人说："我也没工夫写文章来回答你们，——我们打架去罢。如果我打败了，你们此后可以随便侮辱我，我不再找你们；如果你们打败了，如果你们再写这类文章，我就来揍你们！"于是，他们约在某月某日夜间八点钟决斗。他与张春桥那边的人预备打第三回合的时候，正在巡查的法国巡捕来了，问他们在干什么，萧军他们推说是在"练习摔跤"，这件事也就不了了之。

后来，萧军又说自己"看在'左'的面上——那时张春桥也还在革命队伍中"，所以他并未指出当初写文章批评他的"狄克"就是张春桥。1976年以前，北京鲁迅博物馆有人问过他这件事。萧军说："那时候正是'四人帮'横行无忌的年月，我又怎敢'直言不讳'说这张春桥就是'狄克'，就是鲁迅先生所指的那类阴险的'文学家'之一呢？当时我回答'鲁博'工作同志们的提问，只能采取了一般外交人员们所常采用的那句'无可奉告'的外交术语'蒙混过关'了。"

再想到萧军一再标榜的"真"，不免让人觉得，他那强盗般的灵魂，恐怕连自己也给绑架了去。他的那套关于"伟大"的做人标准，正是如此促使着他说："真些再真些/把自己和别人记录下来/——这是为了改正，/为了使人快些走出虫豸路。"我认为萧军的价值，倒也在这里，他记录下的恰是一份真实的病历。因为他自己是一直走在"走出虫豸路"的路上。

1937年1月9日，萧红中断在日本的学习和创作，乘"秩父丸"提前回国。1月13日，抵达上海。

她与许广平、海婴、萧军一起去看望了鲁迅先生的墓地。3月8日写下《拜墓诗》：

> 跟着别人的脚迹，
>
> 我走进了墓地，
>
> 又跟着别人的脚迹，
>
> 来到了你墓边。

那天是个半阴的天气，

你死后我第一次来拜访你。

我就在你墓边竖了一株小小的花草，

但，并不是用以招吊你的亡灵，

只是说一声：久违。

我们踏着墓畔的小草，

听着附近的石匠钻刻着墓石，

或是碑文的声音。

那一刻，

胸中的肺叶跳跃起来，

我哭着你，

不是哭你，

而是哭着正义。

你的死，

总觉得是带走了正义，

虽然正义并不能被人带走。

我们走出墓门，

那送着我们的仍是铁钻击打着石头的声音，

我不敢去问那石匠，

将来他为着你将刻成怎样的碑文？

　　萧红回上海后，张秀珂也与二萧住在一起。之前，张秀珂在给萧红的信中，表达了他对萧军的印象是"豪爽和正义感"，令人觉得"喜欢且可爱"！于是，在与二萧同住的期间，他往往拥护萧军，对萧红是不理解的。据张秀珂回忆："她经常和萧军闹意见，一次我刚进屋，萧红就告诉我：方才他们争吵，萧军把电

萧红与梅志

灯泡都打坏了。萧军马上抢过来说：'是碰坏的。'并分辩说，他是如何有理等等。而我问萧红到底为什么，她反支吾不答。所以我当时是拥护萧军的，不赞成萧红的。从此，有些事情我就不大听她的话了……直到十年以后，我才知道他们那时闹意见，并不是完全怨萧红的。"

此外，据梅志回忆："这时上海文坛向他们敞开了大门，不但许多刊物向他们约稿，有的还拉他们做台柱儿。所以在名誉和金钱方面他们是双丰收的……可惜这时间太短暂了。一个日本的进步作家来上海游历，特别想见见许广平先生和我们大家。在一间小咖啡室里，萧氏夫妇来了，还有另外几位，但是大家最奇怪和最关心的是萧红的眼睛，她的左眼青紫了很大一块，我们都不约而同地背着客人走到她身边轻声地询问……对这些好心的问话，她平淡地回答：'没什么，自己不好，碰到了硬东西上。'她又补充一句：'是黑夜看不见，没关系……'回答得虽然有点吞吞吐吐，但我们谁也没有不相信。送走了客人，大家都一起在街上遛马路时，太太们又好心地提起这事，主要是希望萧红以后要小心，萧红也一再点头答应我们。可是走在一旁的萧军忍不住了，他表现男子汉大丈夫一人做事一人当的气派，说：'干吗要替我隐瞒，是我打的……'萧红竟淡淡地一笑：'别听他的，不是他故意打的，他喝醉了酒，我在劝他，他一举手把我一推，就打到眼睛上了。'同时她还细声地告诉我：'他喝多了酒要发病的。''不要为我辩护，……我喝我的酒，……'我们不好说什么，就这样各自走散了。"

3月15日，组诗《沙粒》公开发表，意味着萧红将自己的情感危机公之于众。

4月间，与萧军的关系持续恶化，萧红决心出走。她想到一家犹太人开办的画院准备学画。这家画院接收寄宿生，还有床位。一天夜里，她趁大家都睡着的时候，拿走了皮箱里的六元法币（给萧军留了六元）以及所需衣物，悄悄地走出了家门。

谁料第三天，萧红就被萧军的朋友找回。画院不接收有丈夫的女学生。萧红无法，只好放弃学画。可她在萧军身边实在痛苦，便决定于4月23日离开上海到北平访友、散心。临行之前，她问张秀珂去不去，张秀珂那时已不听她的了，便说不去。于是，她一人坐着"摇得很厉害"的火车，到达北平。这是她第三次，也是最后一次在北平逗留。

一下火车，她先暂住在中央饭店，然后去寻访一些旧同学，结果发现，很多同学都已找不到了。奔波中，她感到"北平的尘土几乎是把我的眼睛迷住，使我真是恼丧，那种破落的滋味立刻浮上心头"。于是，她又去找1930年在北师大附中上学时的老师，并从那里知道了李洁吾的住址。

李洁吾那时已有一妻一子，萧红到他家拜访时，引起了李妻的误会。好在李妻后来亦被萧红所吸引，二人成了好朋友。萧红对他们讲述了自己多年的经历，提到萧军的时候，她说："他为人是很好的，我也很尊敬他，很爱他。只是他当过兵，脾气太暴躁，有时受不了。"她也听了李洁吾夫妇的一些事情，才知道，原来"他们夫妇彼此各有痛苦。我真奇怪，谁家都是这样，这真是发疯的社会。可笑的是我竟成了老大哥一样给他们说着道理"。

在北平待了一个星期，虽然有两个熟人，但仍和在日本时的心情差不多，还是安不下心来，总盼着萧军快点来信。4月27日到5月9日期间，萧红连去了四封信，当她接到萧军的来信时，是跑着回家给他写信的。大概是之前萧红跟他抱怨自己在北平的心情如何之差，萧军那段时间正好在看《安娜·卡列尼娜》，他说"这真是一部魔惑了我的书"，"整日的精神似乎全部被安娜吸引着"，"对于未获得的事物，总是憧憬着它底美丽！"他给萧红的信中提到了这本书，并劝萧红每天看天一小时会变成美人。萧红回信说："这个是办不到的，说起来很伤心，我自幼就喜欢看天。一直看到现在还是喜欢看，但我并没变成美人，若是真是，我又何能东西奔波呢？可见美人自有美人在（这个话开玩笑也）。"

5月13日，萧军在日记中写道："吟最近信中，语多哀怨"，于是他谎称自己身体不好，让萧红赶快回来。此时的萧军对萧红心里是有些不满的，5月15日的日记中，他说："吟是一个不能创造自己生活环境的人，而自尊心很强，这样人将要痛苦一生。"

分析完吟，他紧接着说："我有真挚的深厚的诗人的热情，这使我欢喜，也是我苦痛的根源，晨间在镜子，看到自己的面容，很美丽，更是那两条迷人的唇……清澈的眼睛，不染半点俗气，那时我的心胸也正澄清。"

相信大家也都见过萧军的"玉照"，可见"这真是发疯的社会"。

萧军把自己看得高于萧红，才会对聂绀弩说出：我爱萧红，意味着我能迁就。

第七章　落木萧萧

1　上海云散

1937年5月中旬，萧红从北平回到上海。

每一次因感情危机而离开，萧红的愁苦化作书信的文字，反而显得似乎不像此前那么激烈了。人们并不常会透过纸面去看那压在纸背的心情。表面上张力好像松弛下来，寂静了，妥协了，但人为的悲剧仿佛成了命运。一个人能够默然接受命运，不是因想通了而变得豁达起来，就是因梦醒了而实在无路可走，心境仿佛沈从文所说的慈柔："看一切，再不用一种强持负气去防御，只和和平平来接受了。"

和和平平来接受的，是许许多多的陷落与死亡。

即便两人之间无法达成真正的沟通与交流，但听说萧军"恐又要旧病复发"，便决意启程回上海，这对萧红而言，既是责任感，仿佛也是一种"习惯死亡"的决意。她一直觉得，自己并不能活得长，所以也并没有为自己的人生具体打算。萧军的"谎言"，让萧红重新撇开破碎的自己，这自我的抑制与忽视，在她已成了多年的习惯。

心是"近死之心"，情绪也借着文字抒发，那么纠结的相处似乎也变得平静了许多。身边的人或许以为二萧的关系已经重新融洽，把两人的矛盾视为西西弗斯推石上山和石头滚落的不断重复，空自消耗了情绪。然而萧红这次的"牺牲"，却仿佛得了一双"死者的眼睛"。

从北平回来后，萧红的心中已蛊惑着死亡的阴影，这阴影时时在夜里生长，在许多的"失眠之夜"中，萧红总想起自己的故乡。陶渊明在《自祭文》中，把死亡看作是生命的本宅。古代传说，狐狸如果将死于异乡，一定会把头朝着它的洞穴。这样的象征意味，把死亡与故乡紧紧连在了一起。

萧红在《失眠之夜》中写道："为什么要这样失眠呢！烦躁，呕心，心跳，胆小，并且想要哭泣。我想想，也许就是故乡的思虑罢。"

于是，她到也是从东北而来的朋友家中走了一遭，"听来了好多的心愿——那许多心愿综合起来，又都是一个心愿——这回若真的打回满洲去……自然也免不了先吃高粱米粥或咸盐豆。"

高粱米那东西，平常她并不愿意吃，觉得很硬，有点发涩，可是经朋友们这么一说，也觉得非吃不可了。但她更为想念的，是家中门前的蒿草，后园里的茄子开着的紫色的小花，以及"黄瓜爬上了架"。

她向萧军说着这些蒿草或是黄瓜，但萧军向她摆手或摇头，说："不，我们家，门前是两棵柳树，树荫交织着做成门形。再前面是菜园，过了菜园就是山。那金字塔形的山峰，正向着我们家的门口，而两边像蝙蝠的翅膀似的向着村子的东方和西方伸展开去。而后园黄瓜、茄子也种着，最好看的是牵牛花在石头墙的缝际爬遍了，早晨带着露水牵牛花开了……"

萧军无意于听萧红列举故乡的园蔬，他开始用渲染的腔调描摹自己的家乡，仿佛故意炫技一般，这腔调把他自己也陶醉了。

萧红只有常常这样打断他："我们家就不这样，没有高山，也没有柳树……只有……"

然而萧军并不等她说完，就接下去了。他的"文思"一发不可收拾。

她知道他没有懂得她的话。

晋代的张季鹰，曾在洛阳为官，秋风乍起时，想到家乡吴中的菰菜、莼羹、鲈鱼，即刻便辞官回乡。按照普鲁斯特的说法，味觉这东西，足以唤醒回忆，消解岁月的流逝带来的种种乏味与焦虑。《追忆似水年华》中唤醒马塞尔的，正是许多年前尝过的小"玛德莱娜"点心。因为"气味和滋味会在形销之后长期存在，即使人亡物毁，久远的往事了无陈迹，唯独气味和滋味虽说更脆弱却更有生命力"。于是，一切借着故乡土物的味道，得以苏生。

蒿草、茄子、黄瓜，其实都是普通的东西，然而因是故乡的土物，萦系着萧红不能忘怀的与祖父在一起的实感回忆，以及随思念而来，不可断绝的遭际与创伤。它们的身后，藏着更为复杂的东西。萧军带着他的优越感，从自己童年世界的经验中提炼出"精华"，并将其抽离成抒情的文字。字里行间的心绪，是他刻意营造而为之陶醉的。这与萧红对故乡矛盾的心情，无以相通。

萧红幽幽地问起："你们家，对于外来的所谓'媳妇'也一样吗？"

萧红的失眠也许不是因为这个。但在别人有这样那样的故乡可以回去的时候，自己"所去的仍是生疏的地方，停着的仍然是别人的家乡"。对于萧红而言："家乡这个观念，在我本不甚切，但当别人说起来的时候，我也就心慌了！虽然那块土地在没有成为日本的之前，'家'在我就等于没有了。"

萧红已无意于两人之间枉然的争辩，只是更为清晰地感受到："我们讲的故事，彼此都好像是讲给自己听，而不是为着对方。"

萧军当然不会有任何的变化，两人的相处，在他心中仍是重复延续着时好时坏的矛盾纠葛。一开始，他认为："我现在要和吟走着这一段路，我们不能分别。"后来，他又见出两人的区别："思而后做，多是不悔的。做而后思，多是后悔的，所谓要三思。我们常是犯第二种毛病，吟却不。"

萧军做而后思，常常后悔，已成习惯。而萧红即便做而后思，也并不后悔。这个"家庭"的维系，她是担负着更重的东西。《红楼梦》中，林黛玉视贾宝玉是"其人不自惜，而知己能不千方百计为之惜乎？所以绛珠之泪至死不干，万苦不怨"。然而此时的萧红，并非黛玉；萧军，也更不会是宝玉。所以萧红"千方百计为之惜"，"不悔"有之，却未必"不怨"。只是情绪，慢慢地冷了下来。

情绪的"冷"，言语中自然有所体现，无论是挑剔的"冷嘲"，还是尖酸的"讥讽"。对比之前的争吵打闹，这样的"冷战"态度，在萧军看来两人是每天在疏离着了。

两人围绕创作，便发生了一次针锋相对的争执。

萧军虽自知"不是一个天才者，也不是一个纯粹的作家"，但大部分情形下，自我感觉总是良好的。1937年5月，萧红的小说、散文集《牛车上》由上海文化生活出版社出版。而同时在此出版社出版的，还有萧军的文集《十月十五日》。萧军拿到自己的文集以后，把每篇文章又重读了一遍，觉得自己"运用文字的能力确是有了进步，无论文法或字句，全没有什么疵。文章内容也全很结实"。可萧红却说，"全不喜欢这书"。

萧军将此看作是萧红"以为她的散文写得比我好些，而我的小说比她好些，所以她觉得我的散文不如她。这是自尊，也是自卑的心结"。然而，但凡稍有点文学审美眼光的人，也不会同意萧军的看法。

在感情上，萧军出轨的事件也还没有完全地得以解决。才将萧红"骗"来上海一个半月，因与许粤华之事，萧军又决心与她分开了。

两人的朋友池田幸子为二萧的分开孩子似的哭了，她劝说他们道："我不愿看你们分开，分开以后，你们全不能再寻到像你们这样的人。你们将要很性急地寻到别人，但那不会幸福的，将永久不会幸福的了……"池田的观点，代表了当时大部分人的看法，恐怕连萧红自己也曾这么想过。

这次的吵架，又以两人的眼泪与和好告终，但萧军并未有与许粤华一刀两断的念头。许粤华甚至来到萧红的家中，希望和萧红也能继续着朋友的关系。这样的场景发生在眼前，萧红无言以对。许粤华伤心地走了，萧红也落下了泪。

萧红虽然无法原谅许粤华的插足，但身为女人，仍因看见许粤华流泪而难过。萧军则认为是萧红为了嫉妒，为了一己的痛苦才伤害对方，似乎造成这所有后果的，竟是萧红。

此时的萧军，心中已暗自有了一个决定："对于吟在可能范围内极力帮助她获得一点成功，关于她一切不能改造的性格一任她存在，待她脱离自己时为止。我此后也许不再需要女人们的爱情，爱情这东西是不存在的。吟，也是如此，她乐意存在这里就存在，乐意走就走。"对于女人，萧军决定"不再对她们起着儿年时候的崇敬"，希望自己"像一条无牵挂的鱼似的，可以自由地游来游去"，再遇到女人，不必讲什么永久的缠绵、别后的情意。这样的"现代爱情"观，实为萧军一生之所践行。

二萧"互为"对方痛苦的制造者。但制造痛苦，又仿佛并非出于邪恶的用心，而是自身的弱点所致。这样的弱点，看上去又往往不是因为自身的主动选择，而有非自己所能操控的"不得已"于其中。这些弱点，对外界、对相交不深的人之影响，实在渺小得可以忽略不计，恰恰在离自己最近、最关切的人身上，一点一滴的刺痛，都能累积下来，从而给予永难磨灭的伤痕。这种刺痛，恒久，而不可避免，除非选择"不爱"。萧军一向都有甩手的洒脱："爱便爱，不爱便丢开。"他到处可"成家"，又四海为家。萧红却是无家可言的人，只能"选择"在这刺痛之中继续承受，至死方休。

此时的萧红，更敏感于人与人之间的隔膜。

"人类的悲欢并不相通，我只觉得他们吵闹。"鲁迅这带有反讽意味的话，却是萧军内心的真实感受。

沈从文也说："人生如此不相通，使人悲悯。"萧红却带着这样的悲悯，开始"向外看"，然而，她看到的世界仿佛每天都在发生着与死亡有关的事情。

先是为了纪念两位去年逝世的友人：鲁迅先生和金剑啸。

鲁迅先生纪念委员会于7月17日在上海成立，决议于先生周年祭日前编辑出版《鲁迅先生纪念集》和侧重于研究的《鲁迅先生纪念册》。许广平、萧军、萧红、胡风、许粤华、黄源、台静农等人共同担负起了编纂的任务。鲁迅先生逝世时，萧红不在身旁，因而带着一份格外的情感，负责关于先生逝世的新闻剪裁及编校工作，以寄哀思。

而当年在哈尔滨一起办画会的朋友金剑啸，于去年8月15日在龙沙就义。流亡在沪的生前好友决定帮他出版生前留下的长诗《兴安岭的风雪》，以致怀念，并纷纷创作诗文编入集中。萧红1937年6月20日写下了悼诗《一粒土泥》。她想起昔年哈尔滨的种种，恍如隔世："朋友们慌忙的相继而出走，/只把你一个人献给了我们的敌手，/也许临行的时候，/没留给你一言半语；/也许临行的时候，/把你来忘记！/而今你的尸骨是睡在山坡或是洼地？/要想吊你，/也无从吊起！"

"一粒土泥"，实在是微小得很了。然而在一座城市面临陷落之时，人的确也很容易觉得自身微小如土泥。置身危如累卵的上海，死亡的气氛笼罩终日。"国家不幸诗家幸"毕竟是一种时过境迁的解读，身临其境的人们不会愿意这样标榜。

1932年2月，哈尔滨沦陷。

1937年8月，北平沦陷。

1937年11月，上海沦陷。

1938年10月，武汉沦陷。

1941年12月，香港沦陷。

诸座大城市的陷落，几乎便是萧红半生的遭际。哈尔滨、香港，为萧红亲历。北京、上海、武汉，都是近于倾城之前离开，得以幸免。

2　"七月"流火

从北平返回上海不久，卢沟桥事变发生。萧红忙致信问候李洁吾近况，7月19日，李洁吾回信，细述了北平濒临陷落的情形。萧红在来信前加了一段"按语"，将其发表于黎烈文主编的半月刊《中流》"抗敌专号"。她在按语中写道："坐在上海的租界里，我们是看不到那真实的斗争，所知道的也就是报纸上或朋友们的信件上所说的。若来发些个不自由的议论，或是写些个有限度的感想，倒不如把这身所直受的人的话语抄写在这里。"

然而不久后，"真实的斗争"亲临上海。面对即将陷落的城市，身所直受的萧红知道，所恐惧的终将不能避免，反倒显得镇静。她卷起纱窗，注视天空，要看这从天而降的"风暴"，如何一步步逼近自己。听着银白色的飞机叫着呜呜的声音，想着哪一方是得着胜利。她知道，战争是要战争的，但"枪声是并不爱的"。

《中流》在当时算是有较大影响的文学刊物。鲁迅晚年所撰文章，如《"这也是生活"》、《死》、《女吊》、《立此存照》等，都在此发表。然而，因着战争的缘故，上海许多文学刊物被迫停刊。《中流》与上海当时最有影响的《文学》、《文丛》、《译文》等刊物合并出版，由茅盾、巴金、王统照、郑振铎等"五四"以来知名刊物的编辑一起主持，改名《呐喊》周刊。大概是为了"呐喊几声，聊以慰藉那在寂寞里奔驰的猛士，使他不惮于前驱"。然而没过多久，刊物从第三期起又更名《烽火》，可见战事之日渐吃紧。而作家则逐渐确立着自己在战争之中的岗位：烽火者，"军中之耳目，豫备之道，不可阙也"。

以鲁迅为导师的一群年轻人，有着更为切入现实的抱负。他们中部分人亲炙于多写战斗杂文的晚年鲁迅，但在"任个人而排众数"上，则与鲁迅的一贯作风不同。比起乃师，这些青年学生毕竟资历尚浅，尚未成长为"能自树立"的"豪杰之士"。鲁迅逝世后，大家为免"树倒猢狲散"，也确实需要团结一致、结社登坛，选择更激进的姿态来直面战争的现状。

1937年8月，由胡风牵头，邀请萧红、萧军、端木蕻良、艾青、曹白、彭柏山等作家商议筹办同人刊物。这次聚会，让萧红第一次见到了端木蕻良。

端木蕻良本名曹京平，辽宁昌图人，生于1912年9月25日，与鲁迅恰是同一天生日。与曹雪芹家相同，曹京平家是"正白旗"，在当地也算是贵族之家了。直到端木蕻良这一代，家境却已衰败下来。这让他颇感觉自己与曹雪芹、贾宝玉精神的相通——他八岁便已耽读《红楼梦》了。

十一岁时，信奉"教育至上"的父亲送他到天津读书。在天津的汇文中学、南开中学，新文化与西方文学接踵而至，不断冲击他的思想。他看到一本对其影响绝不亚于《红楼梦》的著作——《复活》，当然还有鲁迅的著作。端木蕻良曾说过："五四运动以来，在我生命史上，印下最深刻烙痕的两部书，一部是鲁迅的《呐喊》，另一部就是托尔斯泰的《复活》。"

1932年，端木蕻良考入清华大学历史系，当时满是革命的热情，参加了北方"左联"，活跃于学潮运动。他开始编辑北方左联的《科学新闻》周刊，并把新出的每期周刊寄给鲁迅。直到一天，端木收到鲁迅寄给"叶之琳小姐"的信——这当然是端木的化名——请代为更正周刊上茅盾被捕的错误消息。普普通通的一封回信，竟使端木激动不已，他当时正处于北方"左联"活动受挫后的痛苦与迷惘之中，鲁迅的来信成了他引燃文学创作激情的火把。

1933年底，端木一气呵成，创作出才华横溢的长篇小说《科尔沁旗草原》。端木将此书寄给郑振铎，郑曾预言此书出版"必可惊动一世耳目"。然而，出版并不顺利，六年之后，书方面世。这一拖延，却是现代文学史上的极大损失。此书若能于1934年出版，而非战火纷飞的1939年，端木在长篇小说家中之地位，当能与李劼人相颉颃。就算是茅盾、巴金、老舍与其相比，也尚有未可企及之处。

1936年初，端木抵达上海，又以"叶之琳"的化名给鲁迅写信，想与鲁迅相见，却遭婉拒。鲁迅虽然一向乐于帮助年轻人，但却越来越发现，"今之青年，似乎比我们时代的青年精明，而有些也更重目前之益，为了一点小利，而反噬构陷，真有大出乎意料之外者，历年来所身受之事，真是一言难尽，……因为年纪渐大，精力就衰，世故也愈深，所以渐在回避了"。而且，鲁迅对有政治背景者，始终存有戒心，萧红与萧军正因为毫无政治背景，方为鲁迅信任接纳。而即便是二萧引荐，鲁迅也始终未答应见有政治背景的舒群等人。这位"左联的叶小姐"，自然在鲁迅规避相见之列。

有一件小事，或可证明鲁迅先生的"世故也愈深"。胡风在《死人复活的时候》一文中回忆，鲁迅非常讨厌别人称他为"师"，当收到正在编辑××杂志的青年作家×××用"迅师"称呼起头的信的时候，鲁迅冷笑一声，说："哼，突然地'师'起来了，过两天会改成'迅兄'，再过两天再不给他稿子，就会改成'鲁迅你这混蛋'的。'迅师'，不知道他在什么学校听过我的讲义！"

而端木蕻良写给鲁迅的信，起头的称呼恰是"迅师"。

就这样，端木蕻良永远地失去了和鲁迅见面的机会。

之后，端木以"曹坪"的名字和鲁迅书信往返。鲁迅在逝世前，曾将端木的短篇小说推荐到《作家》发表。而其短篇代表作《鹭鹭湖的忧郁》，则在郑振铎的推荐下发于《文学》杂志。端木蕻良便因短篇小说步入文坛。胡风此时已注意到端木的才华，撰文称赞《鹭鹭湖的忧郁》，还邀请端木住到了自己的家中。

胡风把作家当作"私产"的"单线领导"，和其办刊时褊狭的"同人"理念，一直为人所诟病。按作家陈纪滢所说，胡风编刊物的作风跟茅盾完全相反。茅盾采取的是"包容主义"，只要文章好，不管作者是谁，一律接纳。胡风则不然，他的门关得很紧，不是什么人都能闯入。除了聂绀弩、艾青等少数几位朋友之外，多数作家必须是出自他的门下。这些作家有名无名无关紧要。越是生面孔、陌生人，他越欢迎。以致当萧红知道端木蕻良在上海已有一年多时，说道："我们怎么没听老胡说起过你呢？

要不我们早该认识了。"

他们第一次见面还是在胡风牵头的刊物筹备会上。胡风提议刊物就叫《抗战文艺》，萧红则表示这名字太一般，她提议："现在正'七七事变'，为什么不叫《七月》呢？用'七月'作抗战文艺活动的开始多好啊！"对这一个刊名，端木亦表赞同。《七月》就这样因萧红而定名。

1937年9月11日，《七月》周刊正式创刊，胡风主编，大家义务投稿，一开始没有报酬。三期之后，上海局势恶化，同人纷纷搬离，《七月》亦不得不停刊。

其实在《七月》筹备会之前，端木倒是见过萧红的。1936年夏，他曾在上海法租界的一处公园里，看见萧红、萧军和他们的朋友一起散步聊天。因为《生死场》的出版，萧红当时已是著名作家；而端木其时虽已写出了《科尔沁旗草原》，却尚未登上文坛，只是无名之辈。因此，他远远看着二萧，大红衣服的背影摇摇摆摆走远。"没有人认识我，没有人和我说话。"这样的错位感，仿佛一种命数，一直延续到以后。

当前，上海的陷落是指日可待了，朋友们大都择定了新的去向。9月下旬，二萧离开上海，转移到当时还是大后方的武汉。自萧红离开东北，上海是她逗留时间最长的地方，这里曾有过鲁迅先生，有在东北起始创作时，未曾想到过的成就和同人朋友。这里也是她命运的转折之所，从一个众人身后的蹒跚起步者，默然站在了现代文学作家的最前列，如鲁迅在即将逝世的1936年曾言："萧红是当今中国最有前途的女作家……"

不过，鲁迅洞若观火的预见，在萧军之流看来，大概只会当成是对萧红的一番鼓励。这热土让一切躁动、膨胀、略有小成者，也仿佛披上了光环。萧军倒是做起了美梦，说自己打算："在文学的国里成为一个王，一个亚历山大，拿破仑，恺撒，列宁。"

在上海，萧红成名的同时，却收获了太多清晰的痛苦：鲁迅的死亡和萧军的情变，两位世上最亲近之人不同方式的"离去"，让她体味到深深的幻灭。此次离开，也是萧红和上海的永别。

二萧带着不同的心情，乘船到了汉口。因哈尔滨故友于浣非的关系，他们结识了诗人蒋锡金。二人搬进了蒋锡金的住处，武昌水陆前街的小金龙巷。这是蒋锡金与其同事合租的宅院，他一人分租其中两间厢房，里间作卧室，外间为书房。蒋锡金把里间的卧室让给他们，自己住到书房，也不收二萧的房钱。三人旋即成了好友。经常跑汉口的锡金常常不在家，于是，二萧各占一间读书、写作，互不相扰。有时锡金晚归，萧军伏案写着他的长篇小说《第三代》时，懒得起身的他会把熟睡中的萧红喊醒去开门。

直到10月1日胡风抵达武汉，再次联系聂绀弩、丽尼、罗烽、白朗等人商量复刊一事。半月之后，《七月》便以半月刊的形式，再次于武汉创刊。

此时，端木蕻良正在浙江上虞养病。他给已抵武汉的胡风写信，询问二萧别后近况："三郎及红小姐已抵汉否，至为怀念，希望能得他们长住，则中国文坛可在汉口留得半壁天下。……今日此间有人谓我中国才一担，东北占八斗，此语可转寄三郎，笑破肚肠也。"以端木的文学眼光，此"半壁天下"，当然得力于萧红为更多。但萧军来信，言及不久拟去延安，端木怆感"吾辈能团聚如几时，又复东西"，心中颇为悒悒，在致胡风的信中询问："不知萧红也去否"，并言"看她样子身体不太好，那边生活甚苦，她能吃得住否？与军不能一欢会，便言离去，殊不能释。"

二萧最终还是决定留在武汉参与《七月》办刊，胡风便给端木去信，言此前上海的老朋友们都已在武汉，只等他一人。11月下旬，端木收到来信后，很快便乘火车赶到武汉了。

抵达武汉，出于老乡情谊，端木自然想搬到小金龙巷与二萧同住。二萧向锡金转达了端木的意思，锡金为方便《七月》同人的活动，也就同意了。他借来竹床、圆桌，让端木睡在书房里。那时，萧红已开始构思、动笔一部长篇，即后来那篇艺术达至炉火纯青的《呼兰河传》。萧军则开始在《七月》连载自以为颇能与托尔斯泰媲美的长篇小说《第三代》。

四位性格迥异的作家，就这样开始了朝夕相处的日子。

"七月流火"者，大火星西行，立秋已至，天气转凉。在上海，大概是鲁迅的流风遗泽所被，众人的相处尚无机心，也情真意切。然而西行之后，一场结社的热闹，却渐渐地生出了龃龉，竟让人感到了"助秋风雨"的些许凉意。

3 《红楼梦》里的人

一天，萧军向同住的其他三人说起什么样的文学作品最为伟大。在他看来，文学创作自然以长篇小说最为伟大，中篇次之，短篇更次之；剧本则需要演出，姑且不算它；至于诗歌，那是不足道的。进而谈到四人的创作，认为自己正在连载的《第三代》，被评论家誉为"庄严的史诗"，自然最为伟大；而端木蕻良的《科尔沁旗草原》，既然尚未面世，则要等以后才能作出判断；至于萧红，虽然也在写着新的长篇小说，但萧军内心非常之不以为然，认定其没有写长篇小说的气魄；至于诗人蒋锡金，在萧军眼中只能勉强叨陪末座。

钱锺书说过，我们常常把自己的写作冲动误认为自己的写作才能，自以为要写就意味着会写。这话若用在萧军身上，不算过分。萧军所"衷心爱着的作家们"，除了鲁迅先生以外，大都是俄苏的作家，如普希金、托尔斯泰、高尔基，以及《铁流》的作者绥拉菲莫维奇。《铁流》粗犷豪放的风格，对萧军创作《八月的乡村》有过影响。而高尔基，大约因他十来岁时便外出谋生、到处流浪的生涯，让萧军亦心有戚戚焉。但高尔基小说中饱含的深情热烈，是感情上冲动而凉薄的萧军作品所阙如的。

更别说普希金和托尔斯泰高超的艺术成就。萧军对他们的认同之处，未必不是肇始于普希金私生活的荒唐紊乱，或者托尔斯泰年轻时的酗酒赌博、沉迷性爱。既然天才与圣人也难免有"男性的弱点"，而后世显赫的文名非但不因此受损，反而成了其真诚坦荡、人格升华的典范，那么自己为何不可以坦然接受自己的缺点呢？萧军对托尔斯泰的《安娜·卡列尼娜》非常推崇，是因为"发现在《安娜》中，我要写的几乎全被那老头儿写过了"。而萧军计划着要写的，是"以我和吟以及周遭凡有妻子的朋友们作题材，解剖他们，发见他们的病解"。也即是说，不是托尔斯泰的文学艺术，而是托尔斯泰笔下那被剖析的人性病例，才是萧军心中认同的所在。即便如此，萧军仍立志"要做中国第一作家。不但要做中国第一作家，还要做世界第一作家"。

相比之下，系统地接受过传统文化和新文化熏陶的端木蕻良，虽然有时也表露出过于独特的审美口味，但其文学创造力和鉴赏力，远在萧军之上。

例如，端木蕻良喜欢巴尔扎克，更甚于莎士比亚。巴尔扎克的小说是一个混沌的世界，丰富而新奇，里面应有尽有，巴尔扎克围绕在它们周围打圈子，渲染人性和人生的一切表里。而莎士比亚则是一下子便闯入人物的内心灵魂。巴尔扎克的《高老头》被视为对莎士比亚悲剧《李尔王》的重写，但《李尔王》呈现的是一种"天地不仁"的荒凉景象，而《高老头》关注的则是俗世生活中人性与权、钱的博弈以及情感的沦丧。

端木蕻良一向更为喜爱人类所创造的"第二自然"，其冗长而华丽的艺术手法，更近巴尔扎克。至于天平的另一端——极简主义的福楼拜，端木蕻良坦率地说："我都不明白《包法利夫人》多么了不起！"熟稔巴尔扎克的端木蕻良无法理解福楼拜的风格，因为福楼拜深深地隐藏着自己，尽可能不让读者觉察出他自己的声音。端木蕻良和巴尔扎克一样，是天才型的小说家，而福楼拜却绝对不是天才。据说巴尔扎克一个星期就能写出的字数，福楼拜需要整整两个月才能完成。他靠的不是灵感，而是细致的斟酌、朋友的建议和敏锐的观察。像《包法利夫人》这样一部作品，并不是像巴尔扎克或狄更斯那样通过天马行空的想象力来写，而几乎全靠苦吟、推敲。福楼拜苛刻地"不允许自己在同一页上两次使用同一个词"，这在行云流水，任意所之的端木看来，无疑作茧自缚。

因为从小耽读《红楼梦》与托尔斯泰的《复活》，端木蕻良倾心于作品中男女主人公展现出的贵族精神。像包法利夫人之类的人物，为端木所不喜，觉得卑俗。比如曹禺的《日出》、《原野》，就曾被端木批评为"卑俗得很，没有理想，没有见地，完全是戏"，并把曹禺比作英国著名畅销书作家、戏剧家埃德加·华莱士（好莱坞大片《金刚》的作者）。这当然是端木的眼光过于独特所致。

正因端木也是天才型小说家，所以他对萧红的天赋与才华慧眼独具。可以说，在当时，除了鲁迅先生外，也就只有端木蕻良能真正呼吸领会萧红的文学天才及巨大潜能。哪怕胡风，虽也极为重视萧红的创作才能，并应邀为《生死场》写了推介的后记，但由于艺术观念的狭隘，却将萧红与众不同的地方，视作她的"短处或弱点"，希望其克服。

鲁迅、胡风认为"萧红比萧军更有前途"，一是"朋友的闲谈"，二是"预期的鼓励"。但将萧红和萧军比较，本就是将天比地。"无招胜有招"的灵光和"流氓打架"的胡来，哪里就有了可比性。但黄钟毁弃，瓦釜雷鸣，骄傲、蛮横的萧军和他的朋友们却对萧红的创作表现出极力的鄙薄。价值颠倒到这种程度，可以想象，萧军一直便认为，萧红能有今天，并非自身努力所得，而是"少不了我的帮助"。

对萧红而言，端木蕻良对她个人的尊敬及对她作品的赞美，在这群缺少文学天才和审美能力的同人当中，反差实在太过强烈。要知道端木蕻良年轻时落落寡合、恃才傲物，一向以我行我素的真面目示人，即使被误解也不以为意，时有批评过分的刻薄，但绝不违心褒扬。端木对萧红的推重，在今天看来，正符合萧红在文学史中应有的地位。

于是，三人的关系渐渐发生着微妙的变化。因为文学观的不同，许多争论开始在萧军、端木之间展开。萧军争论起来滔滔不绝，靠着极强的自信、凌人的气势"以力服人"，不明就里的听众多半被萧军的气势所征服，总认为他是对的。

又一次，三人在胡风家里小坐。萧军与端木一个自比托尔斯泰，一个以巴尔扎克自诩，争论不休，互相攻讦。一个说道："你描写的自然景色哪像托尔斯泰？"一个反唇相讥："你的人物一点也没有巴尔扎克味儿。"就这样互相争执，又互相讨论，其他人都在当旁听者，谁也不插嘴。最后是萧红出来荡开话题说："你们两位大师，可以休息休息了。大师还是要吃饭的，我们到哪儿去呀？回家？还是过江去？"

这很灵验，两人便住口了，于是决定去黄鹤楼、游蛇山什么的。三个人老在一起，萧红也变得活泼多了。如果和萧军发生争吵，端木蕻良就仿佛成了路见不平、拔刀相助的"义士"，出来维护她。

在两人进行争论的时候，萧红并不插嘴，但她对文学有着自己独特的见地。她说："一个有出息的作家，在创作上应该走自己的路，有人认为，小说要有一定的格局，要有一定的要素，不写则已，一写就得像托尔斯泰、巴尔扎克那样，否则就不是小说。其实有各式各样的生活，有各式各样的作家，也就有各式各样的小说。"从这本色的表达，可看出恰恰是萧红，得了艺术创作的三昧——自由。

萧红，是如何"得其自"的？她的来历在哪里？莫非只是混沌的智慧，天赐的灵光？许多天才，就像"上帝的宠儿"，"自己的底里未知"，仿佛是上天假其手来完成这一切的创造。人们提到萧红，往往许为天籁。所谓天籁，也就是和作家本人的努力无关的东西，一种文学的"跳大神"。但萧红却清楚自己文学沿路的来历，她并不仅仅是用"女人的本能"来写作。

聂绀弩和萧红有过一次长谈。聂绀弩说："萧红，你是才女，如果去应武则天皇上的考试，究竟能考多高，很难说，总之，当在唐闺臣前后，决不会到和毕全贞靠近的。"

这是《镜花缘》中的典故，唐闺臣本来考中第一名殿元。但因"姓名不好"（武则天改唐为周而称帝），故取在第十一名，放在第十名周庆覃后，意在"以周压唐"也。而毕全贞排在最末，第一百名。聂绀弩把萧红与唐闺臣相比，既说她在才女中可列十名左右，也隐含着萧红有第一名之实力的意思，可算是极大的称赞了。

但萧红笑着说："你完全错了。我是《红楼梦》里的人，不是《镜花缘》里的人。"

聂绀弩向以熟读、研究《三国》、《红楼》、《金瓶》、《水浒》而著称，他后来的书房便叫"三红金水之斋"。但此时萧红的回答，似出乎他的意料。他的脑海不停地在回想《红楼梦》中所有之女子，一一细考较去，但始终想不出她到底像谁。

聂绀弩问："我不懂，你是《红楼梦》里的谁？"

萧红说："《红楼梦》里有个痴丫头，你都不记得了？"

聂绀弩一愣："不对，你是傻大姐？"大概在聂绀弩眼中，萧红经常天真得像个傻丫头，于是想到了那个浑浑噩噩的傻大姐。

萧红无奈，反问："你对《红楼》真不熟悉，里面的痴丫头就是傻大姐？痴与傻是同样的意思？"

萧红所说的痴丫头，指的是香菱。

萧红说："曹雪芹花了很多笔墨写了一个与他的书毫无关系的人。为什么，到现在还不理解。但对我说，却很有意思，因为我觉得写的就是我。……我不是说我毫无天禀，但以为我对什么都不学而能，写文章提笔就挥，那却大错。我是像《红楼梦》里的香菱学诗，在梦里也做诗一样，也是在梦里写文章来的，不过没有向人说过，人家也不知道罢了。"

"曹雪芹写香菱写的就是我"，这便是萧红心中自知的来处！以往的许多人对萧红的评价之所以容易流于肤浅，甚至庸俗，一个根本的原因就在于，对《红楼梦》的呼吸领会作为阅读萧红之前提的阙如。

可惜的是，眼前这个熟读《红楼梦》的聂绀弩，身具的是《水浒传》里的英雄气，却不是《红楼梦》里的人，他无法解答萧红的疑问。因为香菱并不是一个与曹雪芹的书毫无关系的人。她与林黛玉乃是"易地则同之人"。被目为"有命无运，累及爹娘"的香菱，以及"心比天高，身为下贱"的晴雯，都是林黛玉形象的副本。曹雪芹笔下最为高洁美好的女子，身份、遭际或有不同，但都以芙蓉花为喻。其中典型，便是林黛玉、香菱和晴雯三人。

《红楼梦》"寿怡红群芳开夜宴"一回中，众女子掣花名签，黛玉的签上画着一枝芙蓉，题着"风露清愁"四字，还有一句旧诗，道是："莫怨东风当自嗟。"众人的反应是："这个好极。除了她，别人不配作芙蓉。"晴雯死后，宝玉为之写下《芙蓉女儿诔》。而"平生遭际实堪伤"的香菱，原名就叫英莲，即"出淤泥而不染"的水芙蓉。

无论是从"慕雅女雅集苦吟诗"，还是从同为姑苏人氏来说，香菱都与林黛玉有着极深的缘分，她们都是无亲无故的"孤女"。整个一生中，香菱唯一一段阳光明媚的生活，便是跟着黛玉学诗的日子；仅有的一段美好感情，来自宝玉送来石榴裙解围的殷勤，而这构成了香菱生活中的全部光明，剩下的则是一片黑暗，黑暗到连一个可以怀念的"家乡"都没有，只有"服毒的人生"。

历经风尘的孤女，一般不是变得偏僻，就是世故。但香菱对遇到的每一个人，都一片真情，毫无戒备。举手投足间，总带有几分孩子气，而不像已为人妾的妇人。香菱是天真的，虽然命途多舛，但依然憨直善良，毫无心机。她"之为人，无人不怜爱的"。

香菱的悲哀在于，还没有决定自己命运的能力时，就已经被命运给决定了。例如，在还没开始学会喜欢人的年纪，她就已经是薛蟠的侍妾。而这个呆霸王，可是"天下第一个弄性尚气之人"。冷酷的命运将这个善良苦命的少女玩弄于股掌。她和薛蟠的相处，最终也只能落得个"菱花空对雪澌澌"的下场。

4　我算什么呢？

　　四个人相处的日子没过多久，漫画家梁白波来到了武汉。梁白波与蒋锡金原是"青梅竹马"的邻居，两人雨夜巧遇，于是来小金龙巷看望，见到了萧红、萧军和端木。原来，梁白波与二萧的朋友金剑啸竟是故交。此番相遇，虽是初见，在心中却早已是旧相识了。

　　梁白波此时身处窘境，连个真正可以落脚的地方也没有，见到朋友们聚在一起的快乐，便也想暂时搬来同住。锡金面露难色，两间房已住了四人，哪里还有安置她的地方？萧红见状，便对锡金说："端木可以住到我们房间里，让梁白波住在你的房间。"于是，端木和二萧合睡在里间的大床，端木的床铺则让给了梁白波。

　　据说萧红之所以如此安排，是看出梁白波对锡金颇有好感，想要玉成其事。三人睡在同一张大床，也是环境逼仄使然。仿佛天冷的时候彼此更容易靠拢取暖，战争阴影的笼罩下，人心更容易相互贴近。虽然一不小心，也难免扎伤……

　　只说小金龙巷由三人到四人，再到五人，也的确更加热闹了起来。直到梁白波后来另外租住出去，四人仍恢复了往常的生活。只是因为这段时间日夜都常在一起说话、工作，萧红与端木相互也更加了解了。

　　12月13日，南京陷落。日军溯江而上，武汉由后方变成了前线，形势也一天天紧张起来。因11月国民政府迁都重庆，寄望托庇檐下，许多人也纷纷内迁。蒋锡金的同事孔罗荪，因家人都去了重庆，为方便工作，便叫锡金搬来同住。另一位同事冯乃超，在夫人李声韵搬去重庆后，也搬到孔罗荪家中。于是，冯乃超把自己的寓所让给二萧，那里离胡风家更近，商谈《七月》的事宜也更为方便一些。原先济济一堂，如今的小金龙巷，就只剩下了端木一人。

二萧虽时常回到小金龙巷聚会，但一个人独居，端木也懒得收拾屋子，桌上常常摊放得满是笔墨纸砚，凌乱不堪。有时萧红一个人来，便嘲笑端木屋里脏乱，一边说着，一边也顺便帮忙整理一番，提起桌上的笔来，胡乱画上几笔。端木小时候学过绘画，萧红也颇有绘画的天赋。除文学之外，两人有着更多的共同话题。从各自手头上的作品，到对未来的预想，聊得十分投契。

萧红憧憬着有个安宁的环境，全身心地写点自己感兴趣的东西。过了几年颠沛流离的生活，现在她已有些倦了。端木耐心地听着，萧红也为有个倾诉的对象而感到快乐。萧军从来都不会耐心听她说些什么，也不屑知道女人心里到底在想些什么。她发现端木是个善解人意的人，有着从《红楼梦》中贾宝玉身上习得的对女性的赞美与崇拜。在他这里，萧红明显地感受到自己是被重视的、尊敬的。对比萧军"强盗般的灵魂"，这差异实在是过于巨大了。此后，萧红便常常一个人来小金龙巷与端木聊天。

萧红与端木之间默契的交流，萧军自然知道，不过萧军一向认为，"对于女人，不要谈到你的高远的理想和深沉的心曲，她们对这些是没有趣味的。要随时取着适当的距离，保持着随时可以离开任何人，而不受干扰的力量"。而且觉得应该让女人自己去生活，"在她离开你的时候，不要呼唤她，也不要叹息，就像落了一粒灰尘一样，那样她们才尊敬你和永久想念着你"。

在后人的追述中，这段时间的小金龙巷倒是出现了许多离奇的故事。

有说端木外出时，萧红一个人在端木的桌上提笔断续写着张籍《节妇吟》中"君知妾有夫，赠妾双明珠。还君明珠双泪垂，恨不相逢未嫁时"的句子，还将最后一句反复写了几遍。

有说二萧一起来到小金龙巷，萧军也在桌上挥毫写下"人未婚宦，情欲失半"八个大字，边写边高声念着："瓜前不纳履，李下不整冠。叔嫂不亲授，君子防未然。"萧红岔开话题，凑过去笑着说道："你写的啥呀？字太不美了，没有一点文人气！"萧军瞪了她一眼，抢白道："我不觉得文人气有什么好！"

　　这些八卦到底有多少可信度，并不十分清楚，但萧军此时若已和端木之间有了龃龉，以他的性格，后来当不会跟端木一起去往山西。

　　前方战争失利的消息雪片般传来，武汉的空气变得越来越紧张。日军的轰炸机隔三岔五地飞临城市上空，不时有建筑物被炸毁。既然号称"固若金汤"的南京都已失守，那么武汉的沦陷，大概也是近在眼前的事了。二萧和端木谈论得最多的，就是怎样离开，往何处去。

　　11月8日，太原失守。"山西王"阎锡山南撤临汾进行整顿，联共抗日，并在临汾成立民族革命大学，以培养人才，作长期抗战的打算。阎锡山兼任校长，李公朴任副校长，教员有侯外庐、萧三、徐懋庸等。1938年1月，端木当年加入北平"左联"的介绍人臧云远来到武汉，为民族革命大学招聘教员。臧云远找到端木，让他推荐一些知名文化人前往临汾任教。端木便和《七月》的几位作家朋友商议，大家听后都非常振奋，一可以逃离武汉，二则为抗日出力。除了胡风决定留守武汉继续编辑《七月》，其他人都愿意去往临汾任教。

　　1月27日，端木蕻良、萧红、萧军、聂绀弩、艾青、田间六人，乘坐铁皮货车离开武汉。胡风、蒋锡金、孔罗荪等人前来送行。《七月》的七位中坚，一日之内走了六位，只留下胡风一人在苦撑。想当初《七月》的发刊词上，写着"文艺作家不但能够从民众里面找到真正的理解者，同时还能够源源地发现从实际战斗里长成的新的同道伙友"，如今"同道伙友"都已离去。

　　大家在车上有说有笑，转眼已近山西，窗外是雄踞秦、晋、豫三省要冲之地的潼关，前面不远便是黄河。从萧红眼中看去，"悲壮的黄土层茫茫地顺着黄河的北岸延展下去，河水在辽远的转弯的地方完全是银白色，而在近处，它们则扭绞着旋卷着和鱼鳞一样"，这是"野蛮的河，可怕的河，簇卷着而来的河，它会卷走一切生命的河，这河本身就是一个不幸"。端木注视着窗外，脱口而出："北方是悲哀的。"艾青听后，心中若有所动，即刻写出了那首著名的《北方》，诗前写着："一天，那个科尔沁草原上的诗人对我说：'北方是悲哀的。'"

　　2月6日，萧红一行抵达临汾。他们料想不到的是，民大不过设了一个校址，挂了一块牌子而已，几乎没有任何准备。学生仍从四面八方源源而来，竟达五千多人，只能分散住在老乡家里。二萧和端木等人则担任着学校的"文艺指导员"。

　　萧红一行到达临汾后，丁玲率领的"西北战地服务团"也从潼关来到临汾，于是便和萧红他们住在一起。从习惯于粗犷的丁玲眼中看来，萧红有着苍白的脸，紧紧闭着的嘴唇，敏捷的动作和神经质的笑声，说话自然而真率，少于世故得令人惊讶。而丁玲那极其"解放的思想和生活"，也让萧红着实吃惊，感到不习惯。

　　不过，在这儿，萧红的"心里可开心极了"。她看到这些年轻的孩子们快乐而活泼，工作的时候嘴里唱着歌。她想着，"胜利一定属于你们的，中国有你们，中国是不会亡的"，因此心里充满了微笑。这些年轻人让她想起了参军的弟弟，自去年上海别后，姐弟便断了音信。其时张秀珂就在一百五十公里外的汾阳一带，但直到萧红逝世，两人都没有再见的机会。

　　这样的生活还不到二十天，2月间，日军已然逼近，临汾危在旦夕。民大准备撤离临汾，丁玲的"西北战地服务团"打算转移运城，尔后前往西安。大战一触即发。端木蕻良、萧红、聂绀弩、艾青等人都决定前往运城，那里也有民大的分校。但萧军却执意留在临汾打游击。二萧争吵起来。

萧红说："三郎，我知道自己的生命不会太久，我不愿生活上再使自己吃苦，再忍受各种折磨了！我们一起走吧。"

但萧军丝毫不为所动，无可奈何的萧红在临行前一天，请求端木陪萧军一起留下，端木还没来得及开口，萧军就大声说："谁也不用陪，我身体这么棒，到哪儿也不怕！"

萧红问："这么说，你是决定一意孤行了？"

"你管不着！"萧军丢下这句话便掉头走开。萧红知道，哪怕是一丁点，萧军也不会为她做任何改变。萧军觉得自己生命的价值和力量，可以"不需要爱人、朋友、同伴，以及一切可以软弱我的东西"。

当晚，萧红幽怨地说："你总是这样不听别人的劝告，该固执的你固执，不该固执的你也固执，简直是英雄主义，逞强主义。你去打游击，不会比一个游击队员的价值更大，如果万一牺牲了，以你的年龄、生活经验和文学才华，将是很大的损失，而这损失不仅仅是你一个人的。"

萧军的回答冠冕堂皇："每个人的生命价值是一样的，前线战死的人不一定全是愚蠢的，为了民族、国家，谁应该等待着发展他们的天才，而谁又该去送死呢？"

萧红说："你应该知道各尽所能，你忘了自己的岗位，简直是胡来。"

萧军说："我什么都没忘。我们还是各自走自己要走的路吧，万一我死不了，我们再见，那时候如果我们还是乐意在一起，就在一起，不然就永远地分开。"

波西米亚玫瑰的灰烬

萧红传

　　萧红听出了萧军话里的意思，他坚持留下的真正动机，就是想和自己分手。萧红知道萧军"向往自由"的性格，沉默良久，坚定地回了句："好的。"

　　第二天傍晚，萧红等人上了车，萧军前来送行。萧红仍寄望能说服对方，泪水流了下来。但萧军的口中仍说着堂皇的国家大义，萧红太清楚他到底是怎么回事了，她不想再听下去："随你的便罢……"萧红说罢扭过头去。端木安慰萧红："你让他留在这里罢，他不比我们更愚蠢，懂得怎样照顾好自己，你真是太爱他了。"聂绀弩也劝说着："你这样，被爱的人会不舒服的。"萧红哽咽起来。同伴们看到的都只是表面，而真实的原因，二萧自己心里最清楚。

　　萧军把聂绀弩单独叫下车厢，对他说自己已决定去五台山打游击，让他不要告诉萧红。聂绀弩问道："那么萧红呢？"

　　"哦，萧红和你最好，你要照顾她，她在处世方面，简直什么也不懂，很容易吃亏上当的。"

　　"以后你们……"

　　"她单纯、淳厚、倔强、有才能，我爱她，但她不是妻子，尤其不是我的！"

　　"怎么，你们要……"

　　"别大惊小怪！我说过，我爱她；就是说我可以迁就。不过这是痛苦的，她也会痛苦，但是如果她不先说和我分手，我们永远是夫妇，我决不先抛弃她！"

　　列车终于缓缓启动。

　　3月初，萧红和端木蕻良、聂绀弩等人跟随"西北战地服务团"一道去了西安。

　　西安设有八路军办事处，丁玲托人安排了萧红等人的住处。分手后，萧红也渐渐平静下来，追思相处六年的点点滴滴，知道这是迟早的结局。没有萧军在身边，她试图开始一段全新的生活。

一晚，萧红与聂绀弩正在西安正北路上散步。聂绀弩对她说："飞吧，萧红！你要像一只大鹏金翅鸟，飞得高，飞得远，在天空翱翔，自在，谁也捉不住你。你不是人间笼子里的食客，而且，你已经飞过了。今天你还要飞，要飞得更高，更远……"

萧红黯然："你知道吗？我是个女性，女性的天空是低的，羽翼是稀薄的，而身边的累赘又是笨重的！而且多么讨厌呵，女性有着过多的自我牺牲精神。这不是勇敢，倒是怯懦，是在长期的无助的牺牲状态中养成的自甘牺牲的惰性。我知道，可是我还是免不了想：我算什么呢？屈辱算什么呢？灾难算什么呢？甚至死算什么呢？我不明白，究竟是一个人还是两个，是这样想的是呢，还是那样想的是。不错，我要飞，但同时觉得……我会掉下来。"

萧红接着说："我爱萧军，今天还爱，他是优秀的小说家，在思想上是同志，又一同在患难中挣扎过来的！可是做他的妻子却太痛苦了！我不知你们男子为什么那样大的脾气，为什么要拿自己的妻子做出气包，为什么要对妻子不忠实！忍受屈辱，已经太久了……"

接着，萧红和聂绀弩谈了些与萧军共同生活的一些实况，谈萧军在上海出轨的经过。

聂绀弩听完萧红诉述她的屈辱，怃然良久。他本希望二萧的生活是美满的，但如今才知道，临汾之别，彼此都明白是永久分手的了。

两人在马路上来回地走，随意地谈。最后，萧红说："我有一件事要拜托你！"随即举起手里的小竹棍儿给聂绀弩看，这是萧红在杭州买的，带在身边已经一两年了。"今天，端木要我送

波西米亚玫瑰的灰烬

萧红传

给他，我答应明天再讲。明天，我打算放在箱子里，却对他说是送给你了，如果他问起，你就承认有这回事行么？"

聂绀弩觉得端木此时正在试图接近萧红，而萧红是讨厌端木的，因为她常说端木是胆小鬼、势利鬼、马屁鬼，于是便答应了。

不久，丁玲约聂绀弩一同到延安转转。聂绀弩碰见萧红，对她说："萧红，一同到延安去吧！"

"我不想去。"随后便不说话了，只默默地望着。最后，她终于说："要是我有事情对不住你，你肯原谅我么？"

"没有你的事我不肯原谅的。"

"那个小竹棍儿的事，端木没有问你吧？"

"没有。"

"刚才，我已经送给他了。"

"怎么，送给他了！"聂绀弩感到一个不好的预兆，"你没有说已先送给我了么？"

"说过，他坏，他晓得我说谎。"

"那小棍儿只是一根小棍儿，它不象征着旁的什么吧？"

"你想到哪里去了？"萧红把头望着别处，"早告诉过你，我怎样讨厌谁（指端木）？"

聂绀弩仍不放心地说道："你说过，你有自我牺牲精神！"

萧红说："怎么谈得上呢？那是在谈萧军的时候。"

第二天，丁玲、聂绀弩便去了延安。临行前，聂绀弩向萧红做着"飞"的姿势，希望她能"向上飞，飞得越高越远越好"，不要再为自我牺牲精神所累，栽到"奴隶的死所"里去。萧红会心地笑着点头。

这根小竹棍，似乎的确象征着什么。与萧军分手之后，当她试图开始一段全新的生活，自然而然便"看见"了身边与众不同的端木。其他人对孤僻冷漠的端木都没有什么好的印象，萧军憎恨端木这个"把自己弄得像个有学问的'大作家'似的人"，厌恶其"说话总是一只鸭子似的带点贫薄味"；聂绀弩得知萧红选择了端木，直言她"从天空一个筋斗栽到了'奴隶的死所'"；在丁玲看来，端木"自由主义的样子，就不是和我们一路人"。但萧红与丁玲又岂是一路人？萧红的"左翼倾向"，基于对人类苦难不可遏制的同情，而非政治立场。在这一层上，只有端木的立场与她较为接近。而且，在众多以文学为"现实战斗工具"的同人之中，端木的文学才华与眼光最为突出，他的创作没有浮躁的心态，而是像萧红一样努力于接通古典与现代。两人的精神来历，都是《红楼梦》。萧红开玩笑地说自己是"在梦里写文章"，然而这样的境界，是身边的那群朋友做梦时也想不到的。她的选择端木，正如对鲁迅先生的会心，在当时的处境中，实在是自然而然的结果，虽然有时对端木，也不免黛玉般不留心机地尖刻挖苦。

此时的端木，虽然常常与萧红颇为亲近，但未必就是想接近萧红。一群人的友谊，从上海便已开始，兵荒马乱之中，自然更易靠近。而以思想、文学观念的相契来说，行为偏僻的端木不和萧红交流，又哪里找得到第二个说得上话的人去。

然而这时候，萧红发现自己已有了萧军的孩子。

5　各人的十字路口

"不愿意丢掉的那一点，现在丢了；不愿意多的那一点，现在多了。"

知道萧红怀孕后，端木感慨地说。既然已和萧军分手，萧红想打掉腹中的孩子，但战时的西安，实在没有一家像样的医院可以做到。端木虽然知道萧红苦闷的缘由，但他是个"不善过活"的读书人，而此事也的确帮不上什么忙，只能常常陪她散散步，或到西安的众多名胜古迹一游。在碑林，端木给她讲解自己极为欣赏的"三藏圣教序碑"。这碑是从王羲之的书法中集字而成，那柔毫飘逸之中含有金玉之质的个性，正似端木作品中独具的风格。

二萧那所谓"英雄救美"的故事，早已在文坛广为流传。二人的分手，本是萧军的决定。而且萧军做的每件事，都在把两人的关系推向悬崖的边缘，他自己则永远戴着正直的面具，打着各种的旗帜，绣出各样的好名称。在不明就里的人看来，端木是遭人唾弃的插足的第三者。加上端木特立独行的气质，舆论也就都不站在他这一边。

例如去延安转转的聂绀弩，自然和同是《水浒传》里人的萧军更为意气相投。他从丁玲处得知萧军已到延安，一心想撮合二萧破镜重圆。即便已听了萧红的倾诉，但若在萧军和端木之间做出选择的话，聂绀弩仍然认为萧红应该选择萧军。这大概就是"人民内部矛盾"和"敌我矛盾"的区别了。

萧军于3月20日只身渡过黄河，步行二十多天到了延安，却被告知因战事吃紧、交通中断，去五台山打游击一时肯定难以成行，于是在延安逗留。适值丁玲和聂绀弩从西安来到延安，二人见到萧军，便极力劝说他一道回西安。

萧军自认为"真不需要一个女人常常陪伴我，她们会耽误我的工作的计划"，而且觉得"一个女人不进步，那是一定要被抛弃的。我曾爱过各样东西，也抛弃过各样东西，因为我是进步着的，不能对一件事物永远有着兴味，这是合理的事"。但真的一个人时，又像托尔斯泰所说："必须有一个女人，色欲使我片刻不得安宁。"这时身边若有女人，萧军自是抱着"当取不取，过后莫悔"的态度。但现在，他许是感到寂寞了。"做而后思，常常后悔"的他，决定跟丁玲、聂绀弩一起回到西安。他想，也许萧红反省了一段时间，已经改正缺点，盼着他回心转意呢，如果这样，"我是可以迁就的"。

然而，他没有想到的是，临汾之别，萧红对他已经心死，再也不是那个没有尊严、可以无限迁就于他的萧红了。此时的萧红，感情的天平已经向端木倾斜。

半个月后，丁玲、聂绀弩从延安回来了。听到门外有人喊着："主任回来了！"萧红、端木一起从房间走出来迎接。出来后才发现，跟随他们一起回来的，还有萧军。两人一下子都愣住了。

端木赶忙上前和萧军拥抱，但神色间似乎有着畏惧、惭愧，以及"啊，这一下可糟了！"等各种复杂的意义。聂绀弩刚走进自己的房间，端木便连忙赶过来，拿起刷子帮他刷衣服上的尘土。端木低着头说："辛苦了！"不过在聂绀弩看来，那意思似乎是："如果闹什么事，你要帮帮忙！"但他不知道的是，聂绀弩显然不会是站在他这一边的。

萧红一见到萧军出现，便对其回来的缘故洞若观火，她太了解萧军的性格了。萧红回到房间，心想，虽然临汾已经分手，但出尔反尔在萧军乃是家常便饭，此番回来，还是一早就把话说清楚的好。于是，她来到萧军房间，对方正在洗去头脸上的灰尘，屋里还有其他人正说着话。萧红微笑着说："三郎，我们永远分开罢！"这公开的宣告，使屋里一下子变得格外寂静。萧军擦着头脸，平静地说了声："好。"萧红便离开了。

萧军曾说过，与萧红继续生活在一起，两个人都痛苦，但萧红不先提出分手，他是绝不先抛弃她的。现在萧红的主动提出，似乎是最好的结局。萧军说："我们的永远'诀别'就是这样平凡而了当地，并没任何废话和纠纷地确定下来了。"

但事实上并没有这么简单。据端木回忆，回来当天，萧军对萧红和端木说道："你们俩结婚吧，不用管我……我要和丁玲结婚。"萧红生气了："你和谁结婚我管不着，我和谁结婚难道要你来下命令吗？"当时，端木和萧红并没有发展到谈婚论嫁的地步。听了萧军的话后，端木非常生气地说："我们结婚不结婚干你什么事！"

这天夜里，萧红的屋中传出二萧争吵的声音。第二天，萧红对端木说："我和萧军彻底分开了，我将他给我的信全部还给他了。我向他索取我的信，他却不给。他力气大，我抢不过他，只有随他去。"

也许这倒是萧军无意之间做的一件好事，这些信件，若由萧红自己保存，大概留不到今天。作家痛苦而挣扎的魂灵，在这些剖心的私语中历历可见。

端木晚年回忆说："在这种情况下，我当然要站在萧红这方面。实际上，我一直没有结过婚，萧红年龄还比我大，身体还那样坏，我当然也有考虑。但这种情况下，我必须与萧红结婚，要不然她会置于何地？这以后，我们就经常在一起了，关系也明确了。"

二萧已正式分手，萧红与端木也正式确立了关系。然而没过两天，萧军又变了主意。萧红和端木上街出门时，萧军就跟在身后一百米的样子，手里拎一根粗棒子。有人说，可能是萧军考虑到萧红怀上了自己的孩子，而他又是个非常喜欢孩子的男人，希望看在孩子的情分上二人能和好。然而从萧军1939年的一节日记中，可以见到他对孩子的矛盾态度："跑警报的时候……我抱着孩子坐在院中，不躲避，想着，万一炸死了更好，省得再这样艰难地生活下去！万一她（萧军当时的妻子王德芬）被炸死了，我将要把这孩子送人，马上离开这庸俗的冰冷的城。"由此可见，萧军拿着大木棍跟在萧红和端木后面的原因，实在不像是为了保护孩子。

还有一天晚上，端木正在睡觉，萧军一脚踢开门闯进来说："端木你起来，我们去决斗！"

面对来找茬的萧军，端木问道："到哪儿决斗？"

"城外。"

"决斗还要找见证人啊。"

"不需要，就我们两个。"

端木说："那走吧。"

萧红闻声而来，对萧军说道："萧军，你不能耍野蛮，这是八路军办事处所在地，不是其他地方，你这套宪兵作风还是收起来吧！我的性格你是知道的，你要把端木弄死，我也把你弄死，这点你该相信我。我说话你是知道的，是算数的，你最好忍耐些。"

见萧红如此，萧军知道已没有挽回的余地，只好收场。

萧红与端木决意离开西安，去向则视萧军而定。当他们得知萧军准备去延安，二人便决定回到武汉。临别时，田间依依不舍，写下《给萧红》一诗："中国的女人都在哭泣……"

萧军并没有直接去延安，而是先到了兰州。在寄住的王家，他遇见了王德芬，随即展开猛烈的追求，被王家下"逐客令"后，又展开情书攻略，王德芬终于被征服。不到一个月，两人登报结婚，一起离开兰州。然而，正如对萧红一样，萧军很快就对妻子厌倦了、后悔了、出轨了。当然，这是后话。

4月下旬，萧红和端木回到武汉，仍住在小金龙巷的房子里。二人即刻去胡风家里拜访。这大概是希望得着知情朋友的支持。胡风虽认为萧红这样做是迟早的事，然而没有祝贺的言语，只是说："作为一个女人，你在精神上受了屈辱，你有权这样做，这是你坚强的表现。我们做朋友的为你能摆脱精神上的痛苦是感到高兴的。但又何必这样快？你冷静一下不更好吗？"

这坦率的意见当着两人的面说出，胡风对萧红新恋情的态度，是溢于言表了。许多人的不理解，成了他们彼时必须面对的难题。

尽管如此，5月下旬，端木仍与萧红在武汉举行婚礼。许多朋友已去重庆，参加婚礼的人很少，但宾客对婚宴的"排场"还算满意。据说，有人提议新娘新郎谈谈恋爱的经过，萧红说："我和端木蕻良没有什么罗曼蒂克式的恋爱历史。是我在决定同三郎永远分开的时候才发现了端木蕻良。我对端木蕻良没有什么过高的希求，我只想过正常的老百姓式的夫妻生活。没有争吵、打闹、不忠、讥笑，有的只是互相谅解、爱护、体贴……我深深感到，像我眼前这种状况的人，还要什么名分，可端木却做了牺牲，就这一点我就感到十分满足了。"

然而这场婚礼，仿佛在众多人的记忆里被抹去了。比如骆宾基的《萧红小传》，称端木与萧红的关系为同居，称萧军与萧红为夫妻，仿佛这事也有个约定俗成，先入为主。但若真计较起来，育有两个孩子而被萧军打发回家的原配许氏，又该称作什么？

友情的"封锁"一直折磨着萧红。舒群到了武汉，萧红常常去他的住处，栽倒在床，一躺就是一整天。舒群劝她去延安，但萧红已接触过丁玲等一些延安的朋友，对他们的作风，心中是不以为然的。往日过从甚密的朋友，也就话不投机了。

6月，武汉会战开始。作为"全国抗战的中心，今日最大的都会"，此次会战规模之大、战线之长、伤亡之多，堪称抗战之最。相持到10月下旬，武汉也沦陷了。

端木、萧红早打算迁往重庆，但那时已是一票难求。8月初，罗烽好不容易买到两张船票，萧红坚持让端木和罗烽先走。一则，票是罗烽买的，总不成让罗烽留下；二则，自己身怀六甲，若和罗烽一起走，路上有点什么事也不方便；三则，重庆人生地不熟，自己挺着肚子，到了也没个着落；四则，田汉和夫人安娥也准备去重庆，安娥说有办法让萧红和她一道走。就这样，萧红暂时留在了武汉，端木则先行往重庆去了。

没有想到的是，安娥一时竟弄不到船票，萧红只好先滞留下来。不久，日军开始了大轰炸，萧红、孔罗荪、李声韵三人，一起躲在地处俄租界的"中华全国文艺界抗敌协会"总部，等候前往重庆的船票。

伴着窗外日机的轰炸声，三人围在一起闲聊。萧红独自吸着烟，脑海里有着一些独特而有趣的计划和幻想。

"人需要为着一种理想而生活着。即使是日常生活上的很琐细的小事，也应该有理想。"萧红说。

"那么，我们就来谈谈最小的理想吧。"孔罗荪说。

"我提议，我们到重庆以后，要开一座文艺咖啡室，你们赞成吧。"

李声韵点头赞成："你做老板，我当伙计，好吧！"

三人都笑了起来。

萧红突然很认真地说："这是正经事，不是说玩笑。作家生活太苦，需要有调剂。我们的文艺咖啡一定要有最漂亮、最舒适的设备，比方说：灯光、壁饰、座位、台布、桌子上的摆设、使用的器皿等等。而且所有服务的人都是具有美的标准的。而且我们要选择最好的音乐，使客人得到休息。哦，总之，这个地方是

波西米亚玫瑰的灰烬

萧红传

可以使作家感觉到最能休息的地方。”

于是三人都沉默在这个美丽的计划中了。孔罗荪说：“这不会成为一间世外的桃源了吗？”

“可以这样说。”萧红肯定地回答，“要知道桃源不必一定和现实隔离开来，正如同现实主义，并不离弃浪漫主义，现实和理想需要相互作用的……”

“哟，理论家又来了！”李声韵笑了。

“你们看见有一天报纸的副刊上登过一篇文章吗，题目叫《灵魂之所在咖啡室》，说在马德里有一家《太阳报》，报社里有一间美丽的咖啡室，专门供接待宾客及同事之用的，四壁都是壁画，上面画了五十九位欧洲古今的名人，有王侯，有文学家，有科学家和艺术家。而每一个人物都能表现出他自身的个性和精神。这些生动的壁画，可以使它的顾客沉湎于这万世不朽的，人类文化所寄托的境界，顿起追崇向上之心。你们看，我们的灵魂难道不需有这样一个美丽的所在吗？”

萧红说得兴奋了，脸颊红了起来。她休息了片刻，又轻声地继续说：“中国作家的生活是世界上第一等苦闷的，而来为作家调剂一下这苦闷的，还得我们自己动手才成啊！”

这个“文艺咖啡室”的梦想，萧红一直念念不忘。像一个美好的梦景开放在脑海，使苦闷的人生顿起“追崇向上”的心。炮火声中，这“人类文化所寄托”的“灵魂之所在”，与千百年前陶渊明笔下不朽的桃花源遥遥应答，穿越无数战争与杀戮的世纪。

6　不虞之隙

9月中旬，萧红拖着怀孕八个多月的身子，一个人到达重庆。其中的艰难与辛酸，委实难以想象。萧红曾对人说："我总是一个人走路，以前在东北，到了上海后去日本，现在的到重庆，都是自己一个人走路。我好像命定要一个人走路似的……"

端木此时应复旦大学教务长孙寒冰之邀，在新闻系任兼职教授，萧红便先到江津的白朗家中待产。这期间，萧红每天不是给端木和朋友写信，就是裁制衣裳，还给即将诞生的孩子做了小衣服。在当地一家私人妇产小医院，萧红生下一名男婴。三天后，孩子死了。

据罗烽、白朗的干女儿金玉良在1999年的一篇文章中说，萧红产后，白朗早早晚晚去医院照顾。一天，萧红对白朗说牙疼，要吃止痛片。白朗给她送去德国拜尔产的"加当片"，一种比阿司匹林厉害得多的镇痛药。第二天一早，白朗照旧去医院，萧红告诉她孩子夜里抽风死了。白朗听到这突然的消息，说：昨晚孩子还好好的，怎么说死就死？她要找大夫理论，而萧红阻拦不让找大夫。

另据梅志1984年回忆白朗本人对她陈述的说法，则是医生、护士和大家都说要追查原因，萧红本人反而表示冷淡，没多大的悲伤，只说死了就死了吧，这么小一个孩子要活下去也真不容易。

这样的说法，常常被人引用。孩子的离世，带来许多人无边的遐想和发挥。

萧红半生多愁多病，二十来岁便已白头。据许广平回忆，萧红时常头痛，肚痛已成宿疾，是常常吃止痛药的。而且，萧红连阿司匹林都不太服用，因为有胃病等副作用，而是吃一种名叫

Socoloff的止痛药，并曾推荐给时有头痛的许广平使用，效果很好。萧红若说要止痛片，并不是反常之事。

止痛片虽会有副作用，但不是乌头、砒霜，没有服后一定毙命的神奇效果。若给婴儿服用，也许会出现血尿、脱水等症状，影响健康，但医生也不难诊断、处理。萧红此时若真有"不愿意做母亲的意志"，要止痛片算是怎么回事？只是影响了健康的话，岂非贻害母子终生？

而且，止痛片的说法，全都源自金玉良1999年所写的文章，据说信息来自白朗。众所周知，白朗早在1968年"文革"时受迫害而精神失常，并永远封笔。是否白朗早在"文革"之前，就已将此事告知彼时还不到二十三岁的金玉良？而且，无论是破案、审判，还是考古学、考据学等科学研究中，都得严守孤证不立的原则。断案中，任何"完美的推理"，只要不是建立在充分举证的基础上，都可能是彻头彻尾的错误，让人蒙上不白之冤。为何今人还津津乐道于这样的风语流言？自古及今，从屈原到林黛玉，不知多少人竟受"诟谇谣诼之辞"而死。

站在痛苦之外的人，并不能真正了解他人的痛苦。传说埃及国王普萨梅尼图斯被波斯国王冈比西击败俘虏后，看到女儿穿了奴婢的衣服，被人使唤去打水，经过面前，周围的人都流泪哀号，他自己默不作声，一言不发，眼睛盯着地面。不一会儿，又看到儿子被人拉走处死，他依然保持原来的姿势。但是，当他窥见自己的一名仆人站在俘虏的队伍中时，他却捶打着脑袋，痛苦异常。冈比西问普萨梅尼图斯，为何对子女的痛苦如此冷漠，而对朋友的痛苦那么难以释怀，他回答说："对朋友的痛苦可以用眼泪舒解，对子女的痛苦，是任何方式都不能表达其感情的。"

所谓"小哀喋喋，大哀默默"。当意外事件已经超越人的承受力量，至情之人，不会有祥林嫂式的表达。曹雪芹最为心仪的阮籍，在母死之时，便曾有过不近人情之态。人生穷途的"孤寞忧悒"，又岂是世俗辗转中渐渐麻木恣睢的人所能懂？

出院后，萧红离开江津回重庆。临上船时，萧红与白朗握别，凄然地说：

"莉，我愿你永久幸福。"

"我也愿你永久幸福。"

"我吗？"萧红惊问着，接着一声苦笑，"我会幸福吗？莉，未来的远景已经摆在我的面前了，我将孤寞忧悒以终生！"

1938年底到1939年，一年多的时间，萧红与端木蛰居重庆。这段时间，端木六年前完成的《科尔沁旗草原》终于付梓问世，另有短篇小说集《风陵渡》出版，新长篇《大江》、《新都花絮》，也都在香港的报刊上连载。

寂寞的萧红想起自己那短暂的"黄金时代"，想起在鲁迅先生身边的日子。时移世易，许多的细节、片段，萦绕心头不去。她开始捕捉那些记忆的画面，着手写回忆鲁迅先生的文章。

10月下旬，一本名为《回忆鲁迅先生》的小册子完成了，第二年在重庆出版。萧红让端木蕻良用她的名义代写了后记。20世纪下半期，鲁迅被捧上"神坛"，成为木雕土偶，供人膜拜。靠着《回忆鲁迅先生》中生活的细节、丰富的记录，鲁迅才又回到了人群中，"下降"到大地上来。四年之前，鲁迅先生的一篇序文，为萧红带来了文坛的名声；而今，萧红的回忆，还了逝去的鲁迅先生以血肉和生命。

只是萧红与端木的相处，在旁人眼中，有着各样不近人情之举。众矢之的，自然是端木。在武汉，除了前文所述的"撇下萧红去重庆"事件，还有"萧红独自提行李"事件，同样引人非议。

这是绿川英子因听到池田幸子对萧红处境的惋惜、感慨，而在头脑中想出来的一个悲剧的印象：

> 我想到微雨蒙蒙的武昌码头上夹在濡湿的蚂蚁一般钻动
> 着的逃难的人群中，大腹便便，两手撑着雨伞和笨重行李，
> 步履维艰的萧红。在她旁边的是轻装的端木蕻良，一只手捏
> 着司的克，并不帮助她。她只得时不时的用嫌恶与轻蔑的眼
> 光瞧瞧自己那没有满月份的儿子寄宿其中的隆起的肚皮。

从绿川英子的行文中可以看出，这是她"头脑中"想象出来
的、一幅带有象征意味的、用"同情与愤怒"的情感渲染过的画
面。画面上不是生活的动态场面，而是构思的静态图景。她是有
了对萧红与端木先入为主的看法，才有了这画面。

到重庆后，又有了"端木嘲笑萧红"事件、"端木殴打佣
人"事件的发生。

据靳以所述，有一次他来访萧红，见萧红刚放下笔，便问：
"你在写什么文章？"萧红一面脸微红地把原稿纸掩上，一面低
低地回答："我在写回忆鲁迅先生的文章。"这声音引起正在睡
觉的端木的好奇，他一面揉着眼睛一骨碌爬起来，一面略带一点
轻蔑的语气说："你又写这样的文章，我看看，我看看……"
看了一点，便又鄙夷地笑起来："这也值得写，这有什么好
写？……"萧红的脸就更红了，带了一点气愤地说："你管我做
什么，你写得好你去写你的，我也害不着你的事，你何必这样笑
呢？"靳以默默地走了，他在文中写道："后来那篇文章我读到
了，是嫌琐碎些，可是他不该说，尤其在另一个人的面前。"

又一次，重庆难得放晴，端木推开窗子，发现邻家的女佣
把一双脏兮兮的旧鞋子搁到了他面前的窗台上。端木大为恼火，
心想已经警告过女佣们多次，不许把杂物堆放在他的窗台上，难
道连佣人们也可以欺负他了吗？！于是他猛地一下把窗子推开，

鞋子就掉下楼去。不料泼辣的女佣气势汹汹地打上门来。端木门一开，二话不说，一巴掌把那个女人推了出去。对方借势倒在地上要赖，闹到了大街上。端木却潇洒地关门了事，反正听不懂那女人的四川话，就当与己无关。然而事情终得解决，萧红跑到楼上，向靳以求助，说："你看，他惹了祸要我来收拾，自己关起门躲起来了，怎么办呢？不依不饶地大街上闹，这可怎么办呢？"又要到镇公所回话，又要到医院验伤，结果是赔了钱了事，这些琐碎又麻烦的事都是萧红一个人奔走。萧红说："好像打人的是我不是他！"

不像"萧红独自提行李"事件只是文章作者的想象，重庆的两件事是确实发生的，也为端木本人所承认。回忆者因着同情萧红，鄙薄端木的成见，行文中的情绪也在所难免。

长期以来，端木都遭到众多同行朋友的杯葛，他在众人之中属于"异类"，为身边的人们所厌恶。在其他人眼中，他既有激进的"左翼倾向"，又像潦倒的"传统文人"，还是个懒散的"资产阶级分子"。平日里"全是艺术家的风度，拖着长头发，入晚就睡，早晨十二点钟起床，吃过饭还要睡一大觉"。所谓"非我族类，其心必异"，出于各种的原因，人们不断地把别人宣布为异类，然后进行毫不留情的讨伐，这几乎成了一种国民劣根性。然而，端木的人品，绝非他人眼中那么不堪。大概萧红与端木在香港时期的老朋友周鲸文的说法，尚比较接近事实的情形：

> 两人的感情基本并不虚假。端木是文人气质，身体又弱，小时是母亲最小的儿子，养成了"娇"的习性，先天有懦弱的成分。而萧红小时没得到母爱，很年轻就跑出了家，她是具有坚强的性格，而处处又需求支持和爱。这两人性格

凑在一起，都在有所需求，而彼此在动荡的时代，都得不到对方给予的满足。

虽然众人对端木的攻讦实属冤枉，但端木也绝非没有他的问题。而这，大概与他从小便受到《红楼梦》极深的影响有关。

端木蕻良曾说，《红楼梦》和他有血统关系，在古今中外的一切小说中，他最爱《红楼梦》，对之一往情深。因与曹雪芹同姓，他感到特别亲切，而曹雪芹的天才、思想及其小说中叛逆的倾向，都成为他理想的楷模。他常常幻想自己就是曹雪芹的后裔或是化身，而书中的贾宝玉，则在他对《红楼梦》一遍遍的呼吸领会中，自然而然地渐渐融入他不断成长的人格，凝结成他"仿贾宝玉"式的心灵世界。他的文学才华，得益于曹雪芹；他的人格性情，得之于贾宝玉。

《红楼梦》中，曹雪芹对贾宝玉有两句"似贬实褒"的批词，乃是："行为偏僻性乖张，那管世人诽谤"；"天下无能第一，古今不肖无双"。被世人"诽谤"为"偏僻乖张"，在端木心灵的极深之处，其实未必没有升起一丝暗暗的得意，似乎因此而与贾宝玉有了"同呼吸、共命运"的契合。端木的内心之所以能够有着"举世誉之而不加劝，举世非之而不加沮，定乎内外之分，辨乎荣辱之境"的强大，正是因为这举世的非毁，让他感觉和心中的宝玉更为接近了。

而"无能"、"不肖"的批词，更让不治生产、不谙世事的端木对自己的"无能"有着颇为矛盾的心态，一面心生愧疚（宝玉常常如此），一面自觉或不自觉地选择了这样的人生。端木不嗜烟酒，生活极其简单，收入无论多少，悉数交给萧红"包办"。他不管钱财之事，日子过得"贫穷难耐凄凉"与否，他是从未想到过问的。这不禁让人想起《红楼梦》第六十二回，黛玉对宝玉说道："咱们家里也太花费了。我虽不管事，心里每常闲了，替你们一算计，出的多进的少，如今若不省俭，必致后手不接。"然而宝玉却笑道："凭他怎么后手不接，也短不了咱们两个人的。"

至于"嘲笑"萧红的写作，是极有可能发生的。端木晚年自责在最亲近的人面前太过随便、粗心、不拘小节，结果可能伤害了对方而不自知，其实并没有嘲笑的本意。正如宝黛之间，因觉熟惯、亲密，则不免一时有求全之毁、不虞之隙。二人言语不合起来，黛玉气得房中垂泪，宝玉自悔语言冒撞，亦是常有之事。何况连著名编辑家靳以本人也觉得文章"嫌琐碎些"，只是觉得端木太过莽撞，不该当他面说出而已。至于这篇《回忆鲁迅先生》的价值，若未经过岁月的洗礼，确实是难以体会的。

宝玉虽有女性崇拜，但身上乖劣之处也多。如他只爱才貌双全的少女，对中老年妇女、普通的丫头，可没什么耐性。因乳母李嬷嬷吃了他留给晴雯的包子，喝了自己的茶，便要摔碗、骂丫头、撵走乳母。因淋了雨没人开门，就气得满心里要把开门的踢几脚，将袭人踢伤吐血。联想起端木在重庆对待邻居家女佣的态度，未必没有感染了宝玉这点习气的缘故在内。内心还没长大的端木浑然未觉，尚"不自惜"，在这些小事中寻到了"扮演宝玉"的快感，只是实在苦了"千方百计为之惜"的萧红。而这一错位，终于酿成大错，成为端木抱憾一生的悲剧。

不久，日军开始轰炸重庆。萧红与端木商量着另寻安身之所。因端木有两部长篇在香港连载，萧红自己也有不少文章在那里发表，综合各种考虑，二人决定前往香港。

第八章　好了

1 故乡的原风景

1940年1月17日，萧红和端木蕻良抵达香港。

春天，萧红给在重庆的白朗写信：

> ……不知为什么，莉，我的心情永久是如此抑郁，这里的一切是多么恬静和幽美，有田，有漫山漫野的鲜花和婉转的鸟语，更有澎湃泛白的海潮，面对着碧澄的海水，常会使人神醉的，这一切不都正是我往日所梦想的佳境吗？然而呵，如今我却只感到寂寞！在这里我没有交往，因为没有推心置腹的朋友。因此，常常使我想到你。莉，我将可能在冬天回去。

香港的文化圈有着各式各样的活动，但萧红却只感到寂寞了。这里的朋友们大都是新的，新到相互的交往可以从初见的礼仪开始，而这让人厌烦。

对于她和端木"这样神秘，这样匆忙"地远赴香港，昔日的朋友们议论纷纷，流言四起。

梅志觉得自己约莫懂得萧红的心情，认为萧红是以屈就别人牺牲自己的精神去香港的，而这表现了她为别人牺牲的伟大，也表现了她跳不出已感到桎梏的小圈子的软弱。

胡风则完全不理解："她为什么要离开当时抗日的大后方？她为什么要离开这儿许多熟悉的朋友和人民群众，而要到一个她不熟悉的、陌生的、言语不通的地方去？我不知道，我想也没有人能知道他们的目的和打算吧？"胡风的疑问里，隐藏着对二人"脱离人民群众"的不满。胡风已习惯站在政治的立场看问题，往往把简单的事情看得复杂。要知胡风第二年也从"抗日的大后方"逃到香港，为什么他要到这个不熟悉的、陌生的、言语不通的地方去？他的"目的和打算"又是什么？

萧红自己向朋友解释飞港的原因，无非是想安安静静地写点东西。1937年离开上海，在路上颠沛流离两年多，萧红一直没能写出较为满意的作品。在武汉便已开始构思的长篇小说，也没有时间精力完成。这次则终于可以得偿夙愿。萧红5月24日给正在重庆养病的朋友华岗写信说："我们虽然住在香港，香港是比重庆舒服得多，房子吃的都不坏，但是天天想回重庆，住在外边，尤其是我，好像是离不开自己的国土的。香港的朋友不多，生活又贵。所好的是文章到底写出来了，只为了写文章还打算再住一个期间。端木和我各写了一长篇，都交生活出版去了。"

然而这时上海有消息传来，胡风给许广平写信，说萧红和端木"秘密飞港，行止诡秘"。据端木说："后来艾青告诉我，我们去香港，胡风就给艾青写信，说随着汪精卫去香港，端木也去了香港。端木在香港安下一个'香寓'。"

听到这样的消息，萧红在给华岗的信中也难掩愤怒，说："胡风有信给上海迅夫人，说我秘密飞港，行止诡秘。他倒很老实，当我离渝时，我并未通知他，我欲去港，既离渝之后，也未通知他，说我已来港，这倒也难怪他说我怎样怎样。我想他大概不是存心侮陷。但是这话说出来，对人家是否有好处呢？绝对的没有，而且有害的。中国人就是这样随便说话，不管这话轻重，

波西米亚玫瑰的灰烬
萧红传

说出来是否有害于人。假若因此害了人，他不负责任，他说他是随便说说呀！中国人这种随便，这种自由自在的随便，是损人而不利己的。我以为是不大好的。"

端木亦给华岗去信，论及此事："弟来港后，此公曾向许先生进言，沪上有人告我，尔仅未在彼所主之刊物投稿，便要陷人至此，世事真有令人大惑不能解者，呜呼！"

华岗想代萧红去向胡风解释清楚，但萧红深知老友的脾气："关于胡之乱语，他自己不去撤消，似乎别人去谏一点意，他也要不以为然的，那就是他不是糊涂人，不是糊涂人说出来的话，还会不正确的吗？他自己一定是以为很正确。假若有人去解释，我怕连那去解释的人也要受到他心灵上的反感。那还是随他去吧！想当年胡兄也受到过人家的侮陷，那时是还活着的周先生把那侮陷者给击退了。现在事情也不过三五年，他就出来用同样的手法对待他的同伙了，呜呼哀哉！"

不过，萧红乍听到此事时，整整两个小时里坐立不安，心情极其痛苦。昔日的战友"乱发的流弹"，让萧红感到了"世界是可怕的"。这样的事情，以前还未曾经历，也不过在鲁迅先生的文章里见过，现在却不了，是实实在在加到自己的身上了。

胡风一向善待"门徒"与"战友"，但对眼中的"叛徒"，却绝不宽恕。例如舒芜，因在1955年"胡风反革命集团案"中上交胡风的信件，被痛骂为"告密者"。然而1954年，胡风就在写给党中央的"三十万言书"中，引用私人信件和谈话内容，揭露舒芜"恶毒攻击人民解放军、攻击毛泽东思想"，是打进党的内奸，是叛党分子。真正的原因，则是舒芜之前"背叛"了胡风，"投靠"了周扬。如果胡风这次揭发成功，那么舒芜就变成了胡风，胡风就变成了舒芜了。

鲁迅曾说："人感到寂寞时，会创作。"昔日的朋友既已变得如此，萧红在信里发过牢骚后，也就释然了。她决定继续自己的创作计划。

在香港参加的一次文艺座谈会上，萧红这样说着：

在抗战的今日，我们应该努力，互相批判地写作。我们的文艺作品，应该比之普通人的常识更为深刻。

文学除了纠正现实之外，还要改进现实。

作家未到过战场可以写作品吗？可以的。在后方的现实只要我们能深入地反映也同样有价值，因为抗战影响了全中国每一个角落。譬如香港吧，香港不是有很多人在做救国工作吗？他们的工作也是与抗战有关的。

对于自己生活的阶层较为熟悉的，你也可以去写的。

我们要看清楚目前，但不要不注意过去。

这些可说是萧红一以贯之的思想。秉着这样的观念，在人生的最后两年里，萧红完成了短篇小说中的经典之作《后花园》、《北中国》、《小城三月》，以及长篇小说《呼兰河传》和《马伯乐》。

讽刺小说虽是新文学创作的一股潮流，但《马伯乐》在萧红的作品中却仿佛一个意外的收获。自鲁迅国民性批判的《阿Q正传》奠定了短篇讽刺小说的基调，讽刺文学就开始了各式各样的艺术实验。自阿里斯托芬以来，尖锐而深刻的喜剧成了文学的典型范式，格调并不比悲剧为低。但优秀的讽刺作品，如张天翼的《华威先生》等，多为短篇作品。这似乎也是一种传统，如鲁迅目为"伟大"的《儒林外史》，就是"虽云长篇，颇同短制"，没有贯穿全书的中心人物和主要情节。因为短篇速写，接近"零度写作"不是难事，但长篇小说往往有贯穿全书的主人公，几乎难免作者的"移情"，而成为作者理想的或部分的代言人。许多

波西米亚玫瑰的灰烬

萧红传

现代作家也尝试过长篇讽刺小说，如李劼人《天魔舞》、端木蕻良《新都花絮》等。但作者对笔下的人物并不会有什么耐心与同情，不屑于详细描摹"平庸、猥琐、凡俗的人物"，笔下泼墨的是一幅百丑图式的世态群像。

萧红曾说："我开始也悲悯我的人物，他们都是自然奴隶，一切主子的奴隶。但写来写去，我的感觉变了。我觉得我不配悲悯他们，恐怕他们倒应该悲悯我咧！悲悯只能从上到下，不能从下到上，也不能施之于同辈之间。我的人物比我高。"然而，面对一部长篇讽刺小说的主人公，作者又将如何自处？

萧红忧伤但冷静地为笔下的卑琐者立传。她绝非认同笔下的主人公，而是自身一如既往的谦卑所致。比起悲悯，谦卑需要的是另外一种精神底蕴。一位绅士再悲悯芸芸众生，也不会妨碍他那西装革履的风度翩翩。但萧红是置身其中，一笔一笔地在画板上涂出这个可笑的马伯乐。正如油画的"美"，在于绘画本身，而不是被画的人物。萧红将生活中人的种种卑琐，转化成了文学形式。这是萧红在这一领域的初试身手，却预示后人一条全新的道路。萧红的《马伯乐》，可与钱钟书的《围城》相提并论。钱钟书是"身在最高层"的谐谑与反讽，而萧红则是"水往低处流"的慈悲而谦卑。

正如萧红所说："在外久居，未免的就要思念家园。"《呼兰河传》、《后花园》、《小城三月》的写作，仿佛是一种"香魂返故乡"的回光返照，萧红想在小说里追寻着自己的生命来历，了却此生唯一的牵挂。

临近《呼兰河传》的尾声，萧红发现自己已寻到那"失去的时间"。仿佛一把撕碎的纸片，扔进盛满清水的碗里，纸片着水后伸展开来，"出现不同的轮廓，泛起不同的颜色，千姿百态，变成花，变成楼阁，变成人物，而且人物都五官可辨，须眉毕现。"凭着这往往一闪而过的天才的微光，萧红定格住那织成的画面。许多人到死都无法追迹的往事，现在好了，她已重新同这一切融合在一起了。

祖父，后花园，麻木恣睢的人们，还有呼兰河的一切和小城周围的景物，全都显出形迹，逼真而实在，天边晚霞和花园露珠的变幻，都从她的笔下脱颖而出：

呼兰河这小城里边，以前住着我的祖父，现在埋着我的祖父。

我生的时候，祖父已经六十多岁了，我长到四五岁，祖父就快七十了。我还没有长到二十岁，祖父就七八十岁了。祖父一过了八十，祖父就死了。

从前那后花园的主人，而今不见了。老主人死了，小主人逃荒去了。

那园里的蝴蝶，蚂蚱，蜻蜓，也许还是年年仍旧，也许现在完全荒凉了。

小黄瓜，大倭瓜，也许还是年年的种着，也许现在根本没有了。

那早晨的露珠是不是还落在花盆架上。那午间的太阳是不是还照着那大向日葵。那黄昏时候的红霞是不是还会一会工夫会变出来一匹马来，一会工夫会变出来一匹狗来，那么变着。

这一些不能想象了。

听说有二伯死了。

老厨子就是活着年纪也不小了。

东邻西舍也都不知怎样了。

至于那磨房里的磨倌，至今究竟如何，则完全不晓得了。

　　以上我所写的并没有什么优美的故事，只因他们充满我幼年的记忆，忘却不了，难以忘却。就记在这里了。

　　《呼兰河传·尾声》里的几乎每一句话，都以"了"字作结。

　　《红楼梦》开卷第一回，甄士隐家破人亡、贫穷潦倒之际，忽来了一个跛足道人，口内念着几句言词。士隐听了，便迎上来道："你满口说些什么？只听见些'好''了''好''了'。"那道人笑道："你若果听见'好''了'二字，还算你明白。可知世上万般，好便是了，了便是好。若不了，便不好，若要好，须是了……"

　　世上万般是这样，《呼兰河传》也是这样。一页页，触目皆是，"了"啊"了"，让人唏嘘不已，感慨万端。

　　每一个"了"，仿佛一次完成，一次终结，同时又是一个新的开始。

　　萧红是在生命的最后时刻，用文字的颜料画笔在纸上绘出她的故乡，每一个句子，仿佛一笔油画的颜料，在"了"字中完成它的涂抹。一笔一笔，渐渐地，祖父出现了，后花园出现了，呼兰河出现了。幼年记忆中的故乡，就这样从脑海渐渐移到了纸上，慢慢显现出它的原风景。好了，好了，完成了，都在这里了。

　　病痛、死亡，也便接踵而至了。

2 病

二十岁后，病痛就再没有远离过萧红。在萧红致萧军留存不多的私人信件中，几乎触目皆病。

1936年8月22日

近几天整天发烧，也怕是肺病的样子，但自己晓得，决不是肺病。可是又为什么发烧呢？烧得骨节都酸了！本来刚到这里不久夜里就开始不舒服，口干、胃涨……近来才晓是又有热度的关系……

假若精神和身体少微好一点，我总就要工作的，因为了除了工作再没有别的事情可作的。可是今天是坏之极，好像中暑似的，疲乏，头痛和不能支持。

不写了，心脏过量的跳，全身的血液在冲击着。

1936年8月30日

二十多天感到困难的呼吸，只有昨夜是平静的，所以今天大大的欢喜……

1936年9月2日

这样剧烈的肚痛，三年前有过，可是今天又来了这么一次，从早十点痛到两点。虽然是四个钟头，全身就发抖了。洛定片，不好用，吃了四片毫没有用。

……

每天我总是十二点或一点睡觉……不用说，早晨起得还是早的。肚子还是痛，我就在这机会上给你写信，或者凡拉蒙吃下去会好一点，但，这回没有人给买了。

1936年9月4日

肚痛好了。发烧还是发。

1936年9月6日

但身体不大好，将来或者治一治。那天的肚痛，到现在还不大好。

……

唐诗我是要看的，快请寄来！精神上的粮食太缺乏！所以也会有病！

1936年9月9日

胃还是坏，程度又好像深了一些，饮食我是非常注意，但还不好，总是一天要痛几回。

1936年9月12日

今晨刑事（日本警察）来过，使我上了一点火，喉咙很痛，麻烦得很。

1936年9月14日

牛奶我没有吃，力弗肝也没有买，因为不知道外国名字，又不知道卖西洋药的药房，这里对于西洋货排斥得很，不容易买到。肚子痛打止痛针也是不行，一句话不会说，并且这里的医生要钱很多。我想买一瓶凡拉蒙预备着下次肚痛，但不知到那里去买？想问问是无人可问的。

1936年9月17日

近来我的身体很不健康，我想你也晓得。

1936年9月21日

上课的时间真是够多的……今天上到第三堂的时候，我的胃就很痛，勉强支持过来了。

1936年10月20日

胃病已好了大半，头痛的次数也减少。

1936年10月29日

这几天，火上得不小，嘴唇又全烧破了。

1936年11月2日

近来水果吃得很多，因为大便不通的缘故，每次大便必要流血。

1936年11月19日

因为夜里发烧，一个月来，就是嘴唇，这一块那一块的破着，精神也烦躁得很，所以一直把工作停了下来。

……夜半里的头痛和恶梦对于我是非常坏。前夜就是那样醒来的，而不敢再睡了。

1936年11月24日

近两天来头痛了多次，有药吃，也总不要紧，但心情不好，这也没什么，过两天就好了。

1936年12月15日

身体不是很佳，自己也说不出有什么毛病，沈女士近来一见到就说我的面孔是膨胀的，并且苍白。我也相信，也不大相信，因为一向是这个样子，就不稀奇了。

前天又重头痛一次，这虽然不能怎样很重的打击了我
（因为痛惯了的原故），但当时那种切实的痛苦无论如何也
是真切的感到。算来头痛已经四五年了，这四五年中头痛
药，不知吃了多少……

人们都说我身体不好，其实我的身体是很好的，若换一
个人，给他四五年间不断的头痛，我想不知道他的身体还好
不好？所以我相信我自己是健康的。

1936年12月31日

你亦人也，吾亦人也，你则健康，我则多病，常兴健牛
与病驴之感，故每暗中惭愧。

短短的四个多月，然而几乎每封信上，都详细记录着病痛
的折磨。信之外的十年，可想而知。一如多愁多病的林黛玉自陈
"从会吃饮食时便吃药"，萧红"痛惯了"，痛到无奈，惯到逆
来顺受，甚至自嘲："若换一个人，给他四五年间不断的头痛，
我想不知道他的身体还好不好？所以我相信我自己是健康的。"

在重庆，萧红开始时常干咳，人也越来越瘦。颠沛流离的生
活，感情的痛苦历程，两次非正常生产，严重损害着她身体与情
绪的健康。

到了香港，本以为从此能安心写作，但"不知为什么，写几
天文章，就要病几天"。香港的湿热气候，本就不利于肺病的恢
复。但直到病情加重，萧红与端木才明白了这个道理。然而此时
的处境，已不是说回去便能回去的了。

1941年7月间，萧红的症候愈发重了，常常失眠、咳嗽加
剧。玛丽医院的医生诊断为肺结核，为萧红打空气针。打过针
后，她感到从未有过的疲倦，全身各处的症状都显露出来，便
秘、发喘、咳嗽、头痛。脸色变得灰暗，说话的声音也低哑了。

一时难以站立的萧红，是非得长期住院不可了。医院本是她极厌恶的地方，而且限制又多，耐不住镇日的无聊，萧红吵着定要回家。端木想着，养病也需要照顾病人的情绪，于是便接萧红出院了。

然而没几天，病情便已恶化，11月中旬，萧红再次住进玛丽医院。

一天夜里，海上起了风。萧红从梦里惊醒，受了凉。第二天起，病势就加重了，不止地咳嗽着。她又一次闹着要回家。

医生只说："咳嗽不要紧呀！你不能发急……肺病还有不咳嗽的吗？"

"你要安心。回到家里那个阴沉的小屋子里去，怎么会养好呢？"第二天来探望的周鲸文劝说。

朋友在旁劝着。她想，这痛苦，却只有她自己方能感受到的。

一天，她偷偷地下了床，走到楼梯口。护士拦住了："你要做什么？"

"我要离开你们的医院，我不住了。"

"医生不给签字，你不能出院呀！"

"我不管，我是要出院的。"

"你发疯了。"医生说，"你不管，若是你丈夫向我们要人呢？"

"我要回去！"

"回去躺着吧！等到明天你丈夫签了字，领你出去！"

第二天，朋友于毅夫来了医院探望，萧红向他诉说着在医院中的痛苦。于是，出院手续都未办理，于毅夫就把萧红送回了家。

端木打电话告诉周鲸文萧红已出院的消息，周鲸文不以为

波西米亚玫瑰的灰烬

萧红传

然：家里又岂是养病的地方？第二天，周鲸文夫妇登门看望，劝萧红住回医院。萧红只得领受了这好意，然而似开玩笑又似认真地说："周先生，你正提倡人权运动，请不要忘记我这份人权。"

周鲸文终因忙于别的事，没再来催促。优柔的端木不是强势之人，见萧红坚持不回医院，也便顺随其意。事情就这样耽搁下来了，萧红只是闭门在家里静养着。

此时的门外，太平洋战争爆发了。

3 死

1941年12月8日，日军偷袭珍珠港，对英美宣战，并进攻香港九龙。

上午，端木蕻良接到骆宾基辞行的电话。是年9月底，骆宾基到达香港，身无分文的他打电话给端木，望能假以援手。因骆与萧红的弟弟张秀珂相识，端木便为他安顿好住处，并抽出自己小说的版面，发表骆宾基的长篇小说《人与土地》，以维持其生计。端木想到骆宾基是单身一人，便请他暂且留下，帮助照顾萧红，骆宾基答应了。当晚，端木、骆宾基、于毅夫护送着萧红从九龙偷渡转移到香港岛，托朋友的关系，住进了思豪酒店。

萧红安顿好后，从九龙逃到香港岛的柳亚子来酒店探望，神色匆匆地，他问："你好一些么？"

萧红抓着他的手，眼睛现着恐怖，说："我害怕！"

"你害怕什么呢？"柳亚子说："不要怕。"

"我怕……我就要死。"她喑哑地说。

"这时候谁敢说能活下去呢？"他站起来了，"这正是发扬民族正义的时候，谁都要死，人总是要死的，为了要发扬我们民族的浩然正气，这时候就要把死看得很平常……"他还激动地说了一些话，带着一种大无畏精神，匆促地走了。

萧红声音低弱地说："我是要活的！"

端木送柳亚子先生出门，临走时叮嘱骆宾基："你不要走，陪陪萧红，我一会儿就回来。"

萧红的惨白脸色现着恐怖，她说："你不要离开我，我怕……"病痛之中，她以为端木在说着告别的话，她怕自己被人在紧张中抛弃。

端木这样的叮嘱，自然不是出门送送客。因有自己关照过的骆宾基照顾，他便可安心出门找人商议突围的事，终不至三人都在酒店坐以待毙。

不久，《大公报》记者杨刚来酒店探望萧红。杨刚走后，骆宾基向萧红告别，说要返回九龙抢救他的小说稿。无法走动的萧红躺在床上说："英国兵都在码头上戒严，你为什么冒险呢？"

"我要偷渡。"骆宾基说。

"那么你就不管你的朋友了么？"

"还有什么呢？我已经帮你安排好了。"

"你朋友的生命要紧还是你的稿子要紧？"

"那——我的朋友和我一样，可是我的稿子比我的生命还要紧。"

"那——你就去！"

"那是自然的。"

萧红埋过脸去，说："对现在的灾难，我所需要的就是友情的慷慨！你不要以为我会在这个时候死了，我会好起来，我有自信。"

端木此时的离开，让萧红充满了恐惧感。端木一向是弱的，小孩子一样的，他会不会撇下自己独自跑了？而眼前的骆宾基，便如溺水之人抓到的一条大木头。"也许是他不了解我，所以才想离开的吧。"她想告诉骆宾基他以前不会知道的事，她希望他能了解自己，再决定是否慷慨自己的友情。

萧红说："你的眼光就表示你是把我怎么来看的，这是我从前第一回见到你的时候，就感觉到的了。你也曾经把我当作一个私生活是浪漫式的作家来看的吧！你是不是在没有和我见面以前就站在萧军那方面不同情我？……做人是不该这样对人粗莽。"

她自述着过去的事情，虽不是事无巨细地从头说起，但各样的片段，也渐渐汇聚成此生大致的经历。

骆宾基明白，这个人和她所讲述的一切，远比那仓促赶写的小说稿更有价值。他终于沉思着在萧红面前安定下来了。

就这样，炮火威胁之下，萧红、骆宾基在自陈身世中度过一天天。

七八天过去了，一直不见端木回来。焦急的等待中，幽怨也在心底渐渐生发。当骆宾基问及端木，萧红说："他么？各人有各人的打算，谁知道这样的人在世界上是想追求些什么？我们不能共患难。"

战争拉近着人与人的距离。未曾离开的骆宾基，让她感到格外亲切，她感叹道："我为什么要向别人诉苦呢！有苦，你就自己用手掩盖起来，一个人不能生活得太可怜了。要生活得美，但对自己的人就例外。"

恰在这时候，端木回到了酒店，还为萧红带来了两个苹果。

"你不是准备突围吗？"萧红问。

"小包都打起来了，等着消息呢！"端木这样说，为萧红刷洗着痰盂。

也许是出于私人恩怨，骆宾基在《萧红小传》1980年修订版的自序中着意强调："从1941年12月8日太平洋战争开始爆发的次日夜晚，由作者护送萧红先生进入香港思豪大酒店五楼以后，原属萧红的同居者对我来说是不告而别。从此之后，直到逝世为止，萧红再也没有什么所谓可称'终身伴侣'的人在身旁了。而与病者同生死共患难的护理责任就转移到作为友人的作者的肩上再也不得脱身了。"然而这说法，哪怕是与他自己在1946年所写的传记正文也是相互抵牾的。

　　骆宾基笔下端木的这句回答，其实有两种理解的可能：一是与萧红一起突围；二是撇下萧红独自突围。实际上，端木并没有独自突围。中间消失的七八天，在动乱的环境下，实在有太多可能的意外。但骆宾基却是用含混的文学表达手法，故意引人产生端木无情、虚伪的遐想，言中之意，是将萧红之死的责任完全归之于端木，如此描述，实同构陷。但端木自萧红死后，从来不为自己做任何的辩解。

　　可以知道，端木曾找柳亚子、于毅夫等人商议，然而柳亚子其时尚自顾不暇。他拿出四十美元给端木，以备他们逃难之需。夜晚，萧红给柳亚子打去电话道谢，她愉快地笑着说："我完全像好人似的了。我的精神很好。"

　　"你能打电话了呀！"柳亚子高兴地说。

　　听着真挚的"友人的声音"，萧红感到难得的愉快。

　　12月18日晚，日军渡过维多利亚港，强攻香港岛，英军节节失利。第二天，端木、骆宾基、于毅夫将萧红转移到周鲸文家，但周家屋子里已到处都是人。端木与众人商量后，决定把萧红转移到告罗士打酒店。

　　不久，日军占领了告罗士打酒店，改名半岛酒店，作为指挥部。端木和骆宾基在日军占领酒店之前，又将萧红转移出来，最后安置在一家条件极差的裁缝铺里。端木只好再去找周鲸文商量，最后，是在周鲸文的时代书店的书库里安顿了下来。然而，这天已是12月24日了。

平安夜晚上，门外是日军对香港的疯狂轰炸。第二天下午，港督宣布投降。病床上的萧红，再次见证了一座城市的沦陷。

在周恩来的指示下，中共地下党着手营救香港的民主、文化精英人士。于毅夫告知端木蕻良，组织已对端木与萧红的撤退作了安排，一旦萧红能够行动，就可立即护送他们离港。而茅盾、柳亚子、何香凝、周鲸文等人，已纷纷被营救离港，安全转移到大后方去了。

端木于是天天上街寻找能接纳病人的医院。1942年1月12日，萧红终于住进已经开门营业的养和医院。第二天上午，经医生诊断为气管结瘤，必须立刻动手术割除。

端木坚决不同意，因其二哥躺在病床八年的经历，他深知结核病人手术后刀口极难愈合，而战乱之下，缺医少药，一旦开刀，后果不堪设想。

医生说："是听我的，还是听你的？"

然而，面对手术单，端木迟迟不敢签字。

在病床上折腾半年多的萧红，见到端木优柔迟疑的样子，催促着说道："你不要婆婆妈妈的，开刀有什么了不起。"她拿起笔，自己在手术单上签了字。医生不再理会端木，把萧红推进了手术室。

手术结束后，端木在手术盘中没有发现割下的任何东西，竟是医生误诊了。

无可奈何，窗外已是黄昏，萧红疲倦地靠在活椅式的病床上。卧床半年，她唯一的精神寄托，是读着《圣经》。耶稣说过的话语，是如此契合自己的所思所想。看着跟前的二人，她就开口，对他们说："人类的精神只有两种，一种是向上的发展，追求他的最高峰；一种是向下的，卑劣和自私……作家在世界上追求什么呢？若是没有大的善良，大的慷慨，譬如说，"她对着端木，"我说这话你听着，若是你在街上碰见一个孤苦无告的讨饭的，袋里若是还有多余的铜板，就掷给他两个，不要想，给他又有什么用呢？他向你伸手了，就给他。你不要管有用没有用，你管他有用没有用做什么？凡事对自己并不受多大损失，对人若有些好处的就该去做。我们的生活不是这世界上的获得者，我们要给予……"

端木、骆宾基流下了眼泪。

萧红又说："你们难过什么呢？人，谁有不死的呢？总要有死的那一天，你们能活到八十岁么？生活得这样，身体又这样虚，死，算什么呢！我很坦然的。不要哭，你们要好好地生活，我也是舍不得离开你们呀！"

萧红的眼睛湿润了，她转而低声说："这样死，我不甘心……"

端木站在床侧哀哭着。他说："我们一定挽救你。"

端木对骆宾基说："你来，我们出去商量商量。"

然而，医院对他们说：我们束手无策了。

1月18日中午，端木、骆宾基乘坐养和医院的急救车，护送萧红回到玛丽医院。此时的萧红，已经不能说话了。

第二天夜里，十二点。萧红用手势要笔，她在纸上写下："我将与蓝天碧水永处，留得那半部《红楼》给别人写了。"

又写："半生尽遭白眼冷遇，……身先死，不甘、不甘。"

萧红掷笔微笑着。

1月22日黎明，日军接管了玛丽医院，把病人一律赶了出来。端木将萧红转到一家法国医院。这家医院也被军管了，端木又把萧红送到法国医生在圣士提反女校设立的临时救护站。

陷入昏迷的萧红醒了过来，仰脸躺着，脸色惨白。她无声地对端木交代后事，那意思是：葬在鲁迅的墓旁。

端木说：这只有将来办到了。

萧红表示，要埋在面向大海的地方。

端木答应着。

1942年1月22日上午10点，萧红在这里死去。

三天后的黄昏，两个年轻人来到浅水湾。他们把一个瓷罐埋在了海边的花池里，一块木牌立在上面，写着——"萧红之墓"。

第二天傍晚，一个年轻人独自来到圣士提反女校，带着妻子剩余的骨灰，他把瓷罐埋在了后院的山坡之上。

4 忏悔

1942年1月22日这天，萧红死时，远在延安的萧军在日记中写道，一个朋友感叹地向他说："我们东方如果有最大天才的话，那就是你啊！你完全是对的！"萧军在日记中表示，"我愿意坦然地承受这预言。"自恋的情绪，在他一生中几乎从未更改。

1942年5月1日，延安文化界举行萧红追悼会。通讯报道中不乏套语，说："萧军报告萧氏生平及其著作，语多亲切而沉痛。"

事实上，萧军在追悼会上说的是："近年来因为一些朋友、同志死亡得太多了，已经变得麻木，假设就是自己死了，好像也没什么担心……"他在日记中写的是："我的心情很闷塞，但却没什么悲哀。"得知舒群等人很热心于替萧红出追悼特辑后，他在日记中说："我却很冷淡，我已经轻视这类的热情！"

那时的萧军，仍然忙着因感情出轨而和他曾经"狂恋"的妻子王德芬吵架，忙着与几个女人的暧昧纠葛。他在日记里这样写着：

> 待我把人生的各种滋味全尝过了，我就许做个鳏夫，总之我不是一个做丈夫的人。
>
> 在一个平凡的人间，更是女人身上，追求至善至美，这最蠢，也最可怜！女人是一个有着相当限度的动物，男人永久是在女人身上获不到满足的。
>
> 一个男人不应该尽想在女人身上寻知己，这是最愚蠢的事！你只要在女人身上寻到你所要的就对了，不要非分。女人的智能和感情，大致的水准全差不多。执一个女人可以描写一千个女人。
>
> 我没有过幸福的恋爱，只因为我太不冷静，结果总是苦的。每一个女人她们全要我扶助，全要耗去我一大部分精力，耽误我的工作，每一个女人全不是我所需要的，她们全愚蠢，全是患病者，全是不懂得我的心的人！我要哭！我要哭为了每次恋爱！每个女人所耗费去的精力！在这社会上，她们总是重重地压在你的肩上，使你精疲力竭，而她们并不企求上进！我不怪女人，我怪社会！她们全给予我的总是痛苦，啰嗦，卑俗，我一点也不能在她们身上获得一点精神的助力！我为什么要这样被榨取？我为什么要这样被牺牲？
>
> 我的这次结婚又是一种错误！她对于我的灵魂是一个可怜的毒害者！她是不自知的。

波西米亚玫瑰的灰烬

萧红传

为了训练这样女人，我已经花费了不少的精力，也生了若干的气，损失了若干的金钱和时间……

为了"性"的关系，昨和芬又弄得不愉快……我很讨厌自己为什么对此克制力竟如此弱，如果我能克制自己，我会永远也不理她，那她将要屈服了。

上午闷得很，在H处谈了一些天。她确是个很懂事的女人，她说："不了解你的人会怕你，了解你的人会爱你，但真正了解你的人，她会痛苦了。"这是对的。她称赞我，说我是个无边际有深度的人，但也是个可怕的人。

……

（王德芬）告诉我，H怎样说我："H说'不要看现在萧军对你好，这是环境关系，等到将来一旦遇到好女人，他就会丢开你！……一个人不要忘掉历史啊！'所以我恐惧……"H因为没能获得我，如今她竟这样恶毒地想分散我家庭的平安来报复我了！我能说什么呢，只是更懂得了女人们的心！……这样可怜的小人……我要给她以打击。

然而事实胜于雄辩，这位H在1942年说的话，十年之后得到了应验。1951年，四十四岁的萧军因恋上一位二十四岁的张姓女大学生而出轨，并使对方怀孕，生下一女。张姓女子怀孕后，萧军提出要和王德芬离婚。萧军不说是因为爱上了别人，却说是怕因为他的政治问题影响妻子和孩子们。早已知情的王德芬说："我不怕牵连，我不离婚！"可以想象，如果不是萧军后来一系列的政治遭遇，王德芬将无法避免与萧军原配妻子许氏及萧红同样的命运。

提及在一起六年的萧红，萧军冷静地说："如果从'妻子'意义来衡量，她离开我，我并没有什么'遗憾'之情！……在个人生活意志上，她是个软弱者、失败者、悲剧者！"

因为萧军很少重阅自己的文章，所以其日记存当时之真的程度极高。他自己说："我的日记，就是我的人生奋斗的简单过程。那里有我的耻辱，也有我的胜利，也有我的痛苦……一切东西都在里头了。因为我是一个人，我是一个具体的'人'，我就有'人'的这些倾向。究竟形象怎么样？我不管这些事情。"

有着"性的冲动"和"正义冲动"的萧军，一向"勇于认错，坚决不改"。萧军"自以为"是坦率的，甚至连自己出轨的事也不隐瞒。但这种对私生活的不断"坦白"和不停"忏悔"，恰如卢梭的《忏悔录》，只是另一种形式的张扬和自我肯定。他在感情方面表现出恬不知耻，是因为知道大多数"一丘之貉"的男人会原谅他，甚至私心认同、佩服他；而女人们在他眼里是"全愚蠢"的。

正如莫洛亚评论卢梭所言："有一切理由这样想：卢梭在人类思想存在的缺点所许可的限度里说出了真话——'他的'真话。"萧军自我感觉是一个真正的"人"。这似乎是说：只要我说的是（我所认为）"真"的，我就是"大写的人"。萧军的"自黑卖直"，为后世研究精神分析学的朋友留存了一份详细的国民性病历。

萧军给萧红心底留下了深深的伤痕。萧红给萧军留下了《生死场》的版税，留下了"英雄救美"的佳话。恰恰是萧红身边这文学成就最低的一位，靠着萧红后世的成就，获得了最大的名声。

在未遇上萧红以前，才华平平的骆宾基写出的是粗糙枯燥的《边陲线上》、《人与土地》。然而萧红在生命最后时刻灵魂倾吐的言语，打开了他的文学理解。他因照顾萧红而遗失了书稿，萧红在临终前将《呼兰河传》的版税赠予他。因着萧红在病榻上的遗述，骆宾基写出《萧红小传》，以及与他之前的作品风格完全不同的佳作——《红玻璃的故事》。20世纪40年代后，使读者惊奇的是，骆宾基接连写出诸如《北望园的春天》、《幼年》等耐人寻味的小说。小说中似处处可以见到《呼兰河传》的影子。偶因与萧红在香港四十四天的相处，对作家骆宾基，却无疑是一次精神的灌顶与质变。

一位因萧红而得其文坛之名，一位因萧红而得其文学之功。端木蕻良呢？

失去了萧红的端木蕻良，浸在深深的忧郁和孤独之中。他长久地沉湎于对往事的回忆，为自己的幼稚与任性而忏悔，他嘲讽着自己，否定着自己。萧红离世的半年后，他借着小说《早春》而这样地对自己咒骂着：

> 我是这样的凄惨呀，我统统都失去了，我失去了……再也不能回来的一切……再也不能更好的一切……我是多么糊涂……我是多么混蛋呀……我的心总以为世界是不动的，金枝姐就像放在一个秘密的银匣子里似的，什么时候去打开就可以打开的，等我看完了红红绿绿的玻璃匣子，再去打开那银匣子也不迟……但是太迟了，什么都嫌太迟了……我的心充满了忧郁，充满了悔痛，充满了悲哀……为什么我那样有关系的事，我处理得这样草率，而且，为什么我那样认真的事，那么容易就忘记，为什么那么密切的事，我又突然的看得那么冷淡，在我的灵魂深处一定有一种魔鬼，它在那儿支配着我，使我不能自主，为什么我忘记了她，连她送给我的小花也忘记？那小花是因为我喜欢的，她才喜欢，等她真的喜欢了，把她看做她的生命了，我又随随便便的丢开？为什么我在可能把握一切的时候，仿佛故意似的，我失去了机

会，等她真的失去，我又要死要活的从头追悔？为什么我永远站在快乐与悲哀的岔口上？为什么总是在最重要时刻，我总是被不重要的事引逗了去？为什么我总是徘徊瞻顾，为什么我看得总对做得总错？为什么我在见解上一点也不妥协，我在行动上总是自动投降！为什么我这样不争气？为什么我这样不像我自己，我为什么这样偏颇，说往东就整个儿往东去，说往西就整个儿往西，把东边完全忘记了！我为什么这么激动？我为什么这样一注子一注子的流出我的感情？我为什么这样深沉的痴情，又这样愚昧的顽劣？我都不能了解，那时我还不能了解我自己……为什么我这样痛苦？为什么我这样凄凉？……

十八个"为什么"，端木为自己当初的轻率和懵懂倾诉着无尽的哀伤。小说中兰柱（端木小名）为之而忏悔的金枝姐，与《生死场》中的女主人公，正有着相同的名字。

他想起贾宝玉因晴雯而写的《芙蓉女儿诔》，于是将萧红的生平故事写成词谱，交给梨花大鼓艺人董莲枝传唱。词谱于今散失，然而当时的一位诗人，为后人留下了传唱的情景：

> 芦中亡士正艰危，风雨潇湘死别哀。
> 一代红颜怜下界，皓躯成骨骨成灰。
> 成骨成灰恩情重，山阳邻笛恒伊弄。
> 浅水湾头堕泪碑，七星岩畔相思梦。
> 梨园弟子董娇娆，宛转歌喉唱六朝。
> 谱就新声传恨事，有人珠泪湿红潮。
> ——柳亚子《端木蕻良谱萧红事为梨花大鼓鼓词以授歌女董莲枝索题赋此》

端木想起了少年时在心中印下烙痕的《复活》，他仿佛在聂

波西米亚玫瑰的灰烬

萧红传

赫留朵夫身上看见了自己的影子。他想起了1941年夏天，萧红住进医院的三个月前，浑浑噩噩的他在书桌前一气呵成写下了那篇颇为自得的文章——《论忏悔贵族》。他想起了文中那仿佛谶语般的命运：

> 在林妹妹活着的时候，他并没有发觉到林妹妹处境的可怕。林妹妹是孤立无援的，伊是孤军作战……她要揭示她的心底的真正的声音，所以，她就孤僻、高傲，针刺别人的短处……用种种的姿态表达自己的痛苦……在林黛玉清楚明白地看清了这些个现实的时候，贾宝玉不但不来积极地援助她，而且他还糊里糊涂地自安于现状，态度模棱、意志薄弱……在林妹妹死了之后……越想越觉得自己当时的糊涂……

因着萧红的死，端木才真正呼吸领会了"悲凉之雾，遍被华林"。总以为来日方长，便负性使气，如今斯人已逝，回首往事，才感受到萧红的内心是多么的痛苦与孤独，而自己却浑然不知。仿佛《红楼梦》佚失的结局中，宝玉因黛玉之死的深深自责，无论世人如何非毁，端木在无言中一概承受，他用尽一生的忏悔，来完成着这悲悼前缘的"半部《红楼》"……

萧红与端木蕻良

后　记

　　萧红的传记可谓多矣，我读过的，便有骆宾基、葛浩文、肖凤、丁言昭、王小妮、季红真、曹革成、林贤治、叶君、章海宁、袁权所著共十一种。然而殊异的想法，也时时在脑海中涌现。当这些想法逐渐累积成模糊的形状，从中可窥出萧红更为新颖的面貌时，我认为有将其整理成一本传记的必要了。

　　传记的副题本来拟作"从这条路上成为人"，出自上海诗人王寅的作品。这确是我撰写此书的立意：究竟是一条怎样的道路，让萧红成为萧红。然而一位朋友觉得太过沉重，于是有了现在的名字，出自卫慧的《上海宝贝》。其实是相同的所指，只是更具象征意味也更为隐晦，隐晦到看上去像是在讲述一场风花雪月的事。

书分四部八章，约略隐含着四时八节的季节变迁。第一、二章的意象是春，讲述萧红十八岁前未成年时的往事。之后每两章的时间跨度大致是四年，分别以夏、秋、冬为主题意象，讲述萧红的"叛逆与爱情"、文学事业以及走向死亡的人生旅程。萧红仅活了三十年半。成年后这十二年半的经历，恰可分为时间跨度相当的三个部分。这结构和时间的划分，并非写作前刻意的安排，而是写作中自然形成的巧合。我不喜欢安排，但我喜欢这巧合。

书中没有凭空虚构任何故事，所有内容，均有文本、史料依据。个别地方，则属于文本、史料的逻辑延伸。本想附上引文、考证、辨析的注释，但若如此，怕是要成为一部学术著作了。此书并不想做成评传或博士论文，只展现思考的成果。考虑到可读性，我删去了全部注释，必要的辨析，已内化为文本。一切事关学术的部分，我会留给未来的论著；无意追究的读者，可以通过这本传记，直面萧红的一生。

我希望自己的文字是可念可诵的，而且期待它能不断放慢读者的阅读速度。在《一个青年艺术家的肖像》中，詹姆斯·乔伊斯匠心独具地运用婴幼儿、小学生、大学生的话语风格，来对应不断成长的人物内心世界。这本传记的行文风格，前后也有着细微的变化，大概愈往后，愈见沉郁悲凉。

为何此生的第一本书是为萧红立传？仔细想想，这一切，都不是无缘无故的。萧红曾说，曹雪芹笔下的香菱"写的就是我"，这是萧红心中自知的来处。写完此书后，我才真正明白萧红当年是多么的孤独。对此呼吸领会，当非仅我一人，但这份"对不住或软弱的心情"，已长久困扰着我。既然挥之不去，我便把这份心情默默写进了书里。

邹　经

2014年7月27日

图书在版编目（CIP）数据

波西米亚玫瑰的灰烬：萧红传 / 邹经著. —杭州：
浙江大学出版社，2014.9
ISBN 978-7-308-13627-3

Ⅰ.①波… Ⅱ.①邹… Ⅲ.①萧红（1911～1942）-
传记 Ⅳ.①K825.6

中国版本图书馆 CIP 数据核字（2014）第 177251 号

波西米亚玫瑰的灰烬：萧红传

邹 经 著

责任编辑	杨利军（ylj_zjup@qq.com）	
出版发行	浙江大学出版社	
	（杭州市天目山路 148 号 邮政编码 310007）	
	（网址：http://www.zjupress.com）	
排　版	浙江时代出版服务有限公司	
印　刷	浙江印刷集团有限公司	
开　本	710mm×1000mm 1/16	
印　张	18	
字　数	218千	
版 印 次	2014年9月第1版 2014年9月第1次印刷	
书　号	ISBN 978-7-308-13627-3	
定　价	36.00元	